文學叢刊

賀志堅著

金石語文評論集

文史哲出版社印行

金石語文評論集

「言辭不爽，謂之金石語；鄉黨公論，謂之月旦評」。

「許劭有高名，每月朔，評論人品賢否；故汝南俗有月旦評」。

曹操問許劭曰：『我何如人』？劭曰：『子治世之能臣；亂世之奸雄也』。操大喜。

——漢書

金石語文評論集　目次

歷史的呼喚和覺醒（代序）

——有一條古老的歌；很是動聽
所有的老爺爺，都曾捻著花白的鬍鬚一遍又一遍：
教給他的兒子和孫子唱
所有的老師也曾一遍又一遍：
唱給他們的學生聽：賡續而來的
千千萬萬，萬萬千千的孩子都會唱！
『中華　中華，雄踞東亞
開國五千年，五族共一家』
但是啊！列祖列宗開創的中國呀
那綿長而璀璨的歷史
——支離破碎；各說各話

那遼闊而錦繡的山河
——經常被野心者竊據分割
那珍貴而豐富的寶藏
——睜著眼任人巧取、侵佔和掠奪

哦！中國 中國 中國
您的名字，是如此的鏘鏗、響亮
是如此的具體卻又似抽象
每一個吸吮您甜美乳汁長大的子民
都帶著一付浪漫和幻想
卻未能承襲您泱泱雍容和風華；

牠們，牠們呀
——手上有幾把刀劍 就稱「王」
——夥從了幾千人馬 就稱「霸」
爭啊！鬥啊！搶先一步 曰「祖」
打呀！殺呀！落後一腳 曰「宗」

於是：一片完整的山河四分五裂了
——東一個「皇帝」
——西一個「皇帝」

牠們，牠們呀
說什麼——秦漢
說什麼——魏晉
說什麼——三國
說什麼——七雄，還有
還有五胡、南北朝……以及
隋、唐、宋、元、明、清……

名稱不一而足，你問牠們；
——國家的疆域，起迄何處
誰也不能界分；不敢界分
——個人的功過，得失何在
誰也不敢確定；不能確定

因此啊，誰也不肯承認
——誰是「眞君」；誰是「正主」
可憐啊！那散落在四方的中國子民呀
他們一身繫祖國山河的暮寒，雲烟和風月
滿腔滿懷的依戀與眷顧、孺慕的情懷
——而卻找不到一個「心靈」落實的著點
我們，我們要他們：怎樣產生「共識」
——如何「回歸」
——如何「認同」
——如何「肯定自己」啊！

歷史的傷痕太多，人爲的冤仇如山
每一個人都該靜下心來——看看和想想：
黃河上下，長江左右
天山南北、長城內外；如今還有一個
海峽兩岸……在歷史的長河中

——多少人，委屈地流過淚
——多少人，痛苦地流過血
——多少人，項上的頭顱落了地
——多少的冤曲被塵封，被黃土掩蓋
唉！這一萬五六千多方里的疆土
是用多少人的眼淚、辛酸、苦難
是用多少人的鮮血和生命鎔鑄而成的
這一頁古老的歷史，這一片壯色的山河
實在值得我們珍惜了！

歲月悠悠，如流水不舍晝夜
——夏商周、春秋戰國已成陳蹟
——秦漢魏晉、南朝北朝………
——隋唐五代、宋元明清………
——俱已往矣！
生當今世的中國人，不論你身在何處
身居何職？該是淬礪奮發的時候了

將一切恩怨情仇從心底挖出來拋棄
把遠祖先宗們，走過的「從前」
把祖父們、伯叔們，走過的「從前」
就當作是「夢」吧！夢也該醒了
就當作是「戲」吧！戲也該落幕了
——是炎黃子孫
——是中國人，都該沉下心來
冷靜、誠懇、熱烈地握手
開誠、布公、坦率的交心

把眼光放遠，把心胸放寬
不要去苛責 我們的祖先
更不要怨懟 我們的前輩
最最重要的乃是我們這一代中國人
——心智的靈明和理性情感的覺醒
因爲，無論多少的，屈辱與苦難
終竟已然成了「過去」；成了歷史

——前代的錯誤，乃後代的教訓
——我們痛定思痛，徹底領悟就行

哦，中國　中國　中國
數千年來，最大的敵人
——祇有一個「戰爭和分裂」
哦，中國　中國　中國
而今而後，興隆的寶典
——也祇有一個：「統一與團結」

我對當今中國問題的看法

一、從長城謠的歌聲說起

我年前曾參加一個由學生舉辦的遊藝晚會，表演台上的正面是一幅大海報：「四海之內皆兄弟——世界大同」。節目一開始，就是幾十位男女同學的大合唱：「萬里長城萬里長，長城『內外』是故鄉」。我激動地跟著聽眾拍手，跟著同學們高吭的歌聲，在喉嚨裡哼著、哼著，竟然聲音哽咽、涕淚和流起來了。

——哽咽中，淚眼朦朧向四周探望，頓時領悟：——是的，遊藝場中的二三千觀眾，那一個不是來自「長城內外」呢？於是我含著眼淚，又聯想到：

——那隆隆滾響的黃河；

——那浩浩湯湯的長江；

——那高聳入雲的秦嶺和天山；

——那廣袤無垠的青青草原　和

——那無邊無際的大漠飛沙

——那江南煙雨；那沃野平疇；那水貌山容；那鳥語花香

——那千村萬郭……

那廣袤深邃的田園豐穰，構成的千古暮寒和春色，孕育著無數、無盡、無止的炎黃子孫，以耕以稼，數千年來，各自存養生息，綿延繁衍，在這「長城內外」的土地上；這開創、這涵府，是我們祖先篳縷辛勞，才拓展出這「江山萬里」，這「壯色山河」；我們今天才能擁有各自的家園。軫念祖先辛勞，以及後啓者，歷經數千年風雨拚鬥，無數的英雄逝去，留下多少的辛酸、苦難和委屈……一幕又一幕的悲劇，都在這：

——長城內外

——天山南北

——黃河上下

——長江左右

慘烈地、悲哀的——汗和著淚、淚和著血……周而復始，一次又一次地展開；如今又多了一個：

——海峽兩岸

這些「悲情的土地」，歷經多少的災難與禍患；然而，這些災難與禍患，嚴格地說起來，又盡都是一些「無謂的爭吵」，然而卻不幸，釀成了一次又一次：

——用尖刀刺進同胞的喉嚨！

——用槍彈穿進手足的胸膛！

——用飛機轟炸！

——用戰車輾碾！

——用艇艦砲擊！

在刺刀下亡命的；

在煙硝中倒下去的；

在屍堆裡螞蟻爬動的；

在血肉模糊悲切嘶喊的；

在萬般無奈力竭哀號喊爹呼娘的；盡都是、盡都是我們自己的同胞啊！

——我眞不懂，蒼生物與，率皆同類，爲什麼硬要生死相逼，兵戎相見，爲什麼不能坐下來，共商「興滅替續，存亡與共」？——如果能將國家的恩、民族的情、同胞的愛：像長城萬里綿延；黃河長江，源遠流長；天山巍峨，海峽壯闊……那有多好。

看盡風雲譎變，皇天后土，願海內外所有的中國人，都能以它們爲榜樣。

二、致兩岸反對派人士

因此，我們要提醒那些：兩岸搞反對派的人士，不管您搞政治改革也好，搞和平演變也好……任何活動，總要深體祖先，開拓疆土，建立國家的艱難。生當今世，不管您身立何處，職司何業，你要竭力盡心，你要忍辱負重，善盡炎黃子孫的職分。從事各種政治抗爭的活動；只要不搞居民自決、不要分裂國土、不喊西藏獨立、不喊臺灣獨立，我們都同聲呼應，同感欽佩，因此：

你們喊：「自由」——我們贊成！

你們喊：「民主」——我們擁護！

你們喊：「平等」——我們更支持！

你們說：要「消滅貪污」——我們鼓掌！

你們說：要「打到特權」——我們更歡呼！

甚至說：喊反對國民黨、共產黨、民進黨和其他黨派，都沒有什麼不可，或犯忌：一言以蔽之，所有的反抗都是有理的，就是「分裂國土、鼓吹獨立」不行！因爲這種行爲，是反常情、反常理的；是反歷史、反文化、反中國，甚至是反人性的，一個人愛鄉土、愛國家、愛民族、愛同胞……乃是天經地義的，一個立志決心投入政治活動生涯的人，必須建立這個起碼的觀念與共識。

其實，今天的政治活動人物，投入政治抗爭的行列，喊平等、喊自由、或民主……說真的也已經不夠新鮮了，缺乏新的創意啦。君不見美國人，天天罵俄國人，不自由、不平等，不民主、不尊重人權嗎？而俄國人不也是，天天在叫嚷美國人，同時也犯了這些毛病嗎？反觀我們臺灣，那一天不在罵中共，不民主、不自由、不平等，和不尊重人權呢?同樣，中共何嘗不是，無時無刻，臭罵臺灣，不民主，不自由，不平等以及沒有人權呢?——說開了這種招式，的確已經式微不靈光了。

我們覺得與其光在兩岸，對喊、對叫這些無聊的口號，倒不如坐下來，研究一下這些口號，為什麼不能實踐的理由和原因在那裡?如此一一克服，來得積極多了。

比如說：在臺灣一些反對派人士，在開會時反對用國語，要用閩南語，來表示反對的意識，這實在非常浮淺，有些人當他情緒激動時，竟然說：「臺灣人不是中國人」!這實在反得更離譜，何止淺薄!?簡直忘了自己是誰了。國語，是國民黨的語言嗎?中國更是您、我自己的啊!做個反對黨、反得連國家、民族也不認了，有這種反法，智慧，品位的層次，實在太低了。

在大陸的反對派人士，也是一樣，包括方勵之這一票人物在內，既立志要領導人民，爭取自由、民主、平等，人權運動，好不容易把反對的資源滙集了，把風潮掀起來了，場面擴大了，正在緊急危難之際，他們卻丟下萬千從衆，千方百計一走了之，這不僅說明了他們，對爭取—民主、自由、人權，沒有必死必成的決心，同時更是不負責任的表現，如果，他們能對當時的情況，勇敢的付出，結果如何吾人不欲估計，至少這樣的「民權鬥士」，就令人尊敬了。

三、搞政治活動要有道德和良心

每一個中國人都說：「中華民族歷史長遠，文化悠久，國民優秀，物產豐饒……令自己陶醉，令世人艷羨；但是，唯一使人痛心的，就是幾千年來，國土幾乎都是在野心的軍閥和政客們，分裂割據的狀態之下，行權命令和公權力，從來也就沒有統一過，誰實爲之、孰令致之。遠的不必說，第二次世界大戰結束之後，國民黨和共產黨，假如都能大公無私，開誠相與，吾人可以斷言、決不會搞成今天這個樣子。所以，國民黨和共產黨、相互爭持了幾十年，很多人都不明白，究竟爲了什麼，一百年前，和五十年前，喊的是爭自由、爭平等、爭民主……按理說：滿清政府專制，國民黨起來將它打垮了，國民黨應該實行民主自由平等了；但是，沒有多久，中國共產黨，又起來爭民主爭自由和爭平等了，結果，國民黨被迫逃離了大陸：現在，大陸和臺灣，仍然有很多的人，在那裡伸手要自由、民主和平等，這的確是令人納悶和詫異的事，也是極其無聊的事，如果，我們的政治領導人物，不能拿出道德勇氣和良心，來建立完善的政治制度，對民主自由和人權，加以合法、合理、合情的規範，我們可以相信、十年、百年之後，那些搞政治活動的人士，仍然是喊這幾個同樣的，乏善可陳的口號。因此，我們要提醒，今天兩岸從事政治活動的人士，無論您是執政或在野，如果，您是有良心有道德的人，就請您多說一些，對國家、對民族、對同胞，實際有益的話；做一些對國家、對民族、對同胞，實際有益的事吧！兩岸的中國人所需的，是一個安康的社會，一種安寧的生活。把國家建立在、一種有制度、有秩序的狀況之下。

四、為什麼有人要喊台獨?藏獨?

在大陸有藏獨、新獨;在臺灣有台獨,推其原因無他,就是國民黨和共產黨,相互爭鬥、吵鬧了幾十年,老一代的人開始厭煩;新一代的人就是壓不下這口怨氣,因爲他們有的人,既不是國民黨,也不是共產黨,他們卻被國民黨和共產黨,壓抑和割宰,於是,膽大和激烈一點的人,就硬著頭皮站出來,高喊:反國民黨和反共產黨了,甚至喊:「獨立」了!那些喊藏獨、台獨的人士,並非不知道,他們這一喊,很可能是自絕於國人的,然而,他們爲什麼要這麼做?說開了就是一種意氣,一種情緒,明知不妥也「豁」出去了!這就是所謂的:「逼上梁山」。祇所以造成這種結果,國民黨和共產黨的許多做法,是要負責任的,這也是雙方享有政權的人士,應該反省和檢討的所在。

廿一世紀的來臨,也許是世人「良心和道德」,重現的時代,推誠相見的時期:

——東西德統一了!

——南北韓要統一了!

——捷克不搞一黨專政了!

——匈牙利全民選舉了!

——東歐集團全面普選了!

——世界最老牌的共產黨蘇聯解體了,也宣布實行民主了,也不一黨專政了,改行總統制了。

——中國——海峽兩岸，實在該統一了。「和平統一」，既是全中國人的願望，海峽兩岸的執政者和人民，還有什麼理由，再遲疑與猶豫呢!?

五、中國人喜歡談「主義」

中國人談「主義」，似乎比其他國家的人更熱衷；而一種「主義」（包括共產主義和三民主義），實行了五十年甚至百年，而仍然樂此不疲，嚮往不衰，這似乎也是中國人的特色。其實，一種「主義」，只是一種政治主張，它應該有其時代和階段性的，一味地死抱著不放，是否明智，是否有其必要，眞是値得三思才是。

因此，我們覺得：國民黨不要強調：「三民主義統一中國」；共產黨也不要硬說：「共產主義領導中國」，這些尖銳的話題，都犯了情緒化、賭氣式的毛病。中國是大家的，是各黨各派和無黨無派的人，都有份的；國民黨和共產黨的英明睿智之士與各階層的領袖們，當然比我們這些升斗小民更清楚。兩黨曾不斷的標榜：「天下爲公；世界大同」，話說了，憑什麼你國民黨，還要「一黨獨霸」!?憑什麼你共產黨，還要「一黨專政」!?爲什麼你們不想一想，假如現在有一個人，既不是國民黨，也不是共產黨，怎麼辦呢!?難道注定了，對這個國家、民族，就沒有份了嗎？注定了一生一世，就聽你們的話了嗎!?

以上這個道理是非常明顯的，爲什麼還要堅持「三不」!?爲什麼還要抱著「四持」!?國家又不是你們國民黨和共產黨的，是不是?因此，我們大家應該沉下心來，只要把三民主義中，有那些優點找出來，把共產主義中，有那些優點找出來，再演繹出另一種，更好更完美的，適合時代需要，順應世界潮流，合乎人心的——新主義來，把中國治理得更好，不是大家都好嗎?我們不能諱言，國民黨和共產黨之中，都有所謂的「黨性堅強、忠黨愛國」之徒，說得難聽一點，乃是又臭又爛的死硬派，他們抱殘守缺、成見太深，平常不吸收新知，不求進步，由於這極少數的人，落伍的觀點和想法與做法，阻礙了國人的團結，更妨害了國家的建設——進步與發展，也耽誤了迎頭趕上時代的許多機運，眞是可惜!爲什麼不退一步，冷靜的來思考一下，各自費點心思，把問題的主要癥結找出來，不要鬥意氣，不要鬥情緒，一切問題都好辦了。

今天，海峽兩岸的中國人，都在談「和平統一」，其理由與方法，滿籮滿筐，但就是有一句話有一件事，大家都不肯說不肯做：「國民黨和共產黨，都把軍隊交出來，（甚至暫時請外國人來統御）如果，各黨各派沒有武力。仗——就打不起來；只要不打仗，槍口不對自己人，有問題總是可以解決的——坐下來談，永遠比——「捲起袖子，到外面去」——來得好。

國家的事，每個個人本身，應該沒有什麼「私怨」，存在其中才對，有之，就是雙方有少數的黨人，把黨的利益放在國家利益之上，又把個人利益放在黨團之上，於是矛盾衝突就起來了，說開了只有幾個人，爭黨的利益，爭個人的利益而已。

是的，爲了爭一黨、一己的利益，把太多無辜的百姓，拉進去作墊腳石，作代罪的人，合理嗎？公平嗎？中國近幾百年來，甚至千年來的政治鬥爭、攻城掠地（自己的土地）殺人盈野（自己的同胞）的悽慘場景，的確令人沉痛和心酸，天山南北、長城內外、海峽兩岸，都是中國人，國民黨、共產黨，其他政黨和所有的人民，同是炎黃子孫，都是同胞，如果，大家都不逞強好勝、橫行霸道、相互排斥，改良成互相忍讓、互相尊重、互相關懷，國家大事大家坐下來商量，問題不就沒有了。

六、中國人犯了「夜郎自大」毛病

中國人由於歷史長遠，土地稍爲寬些，說眞的有些地方，的確犯了「夜郎自大」的毛病，每一個人從小就有一種，自以爲是的心態，既不接受別人批評，也不願自我改進，恕我講一句不好聽皀話，我們的祖先，眞有多麼優秀；典章制度，眞有多麼完美，嚴格地說來，實在也不盡人如意：歷史固然長遠，但前朝諸人，的確也是各自爲政；你搞你的，我做我的；手上有幾把槍，就稱霸；夥從了幾千人馬，就封王；先一步日祖，後一腳號宗；於是東一個皇帝，西一個皇帶。一部冗長的歷史，就在這種紛擾不安中，在同胞們的血淚交流裡，用一顆顆的人頭，以無限的辛酸、委屈堆砌而成的。其實一點章法也不講的！說有制度，其實一點制度也沒有，所謂：「朕即國家，國家即朕」，眞是一語道破了，我們且看看他們的帝號、年號、朝代名稱，眞的到了，皇帝們晚上作一個夢，第二天就改稱一個名號的地步。能不說是極其荒唐嗎？爲什麼要如此呢？我們可以肯定的說，就是沒有制度，那些皇帝們，都以草寇流氓的作法，取得了一時的政權，他們也公開的喊：「成者王，敗者寇」，你想：這些流氓草寇做了皇帝，大都沒有千秋萬世的想法，只是下意識的：江山是我打出來的，金鑾寶座就歸我享用，因爲沒有明確的制度和法律保障，大多數的皇帝，都在一種坐臥不安的心態下，管理百姓，推動朝政，五六千年漫長的歷史，每一個朝代，都是亂哄哄的，不安極了。時至今天，廿一世紀已來臨了，我們號稱有五六千年的文化歷史，但長城內外、天山南北、黃河上下、長江左右、海峽兩岸，都還在向自己的人民高喊：「認同！」高喊：「回歸！」這不知是五六千年歷史文化之恥!?還是中國各朝代的「領袖們」之恥!?說來實在令人酸心，由這一點看來，中華民族實在有必要，必須趕緊來，建立一種新的共識才行。

七、中國人就是自私壞了事

現在來談談—國號、國旗、國歌的問題，自孫中山先生領導革命，推翻了大清帝國，把國號改爲「中華民國」，國旗換成「青天白日滿地紅」，我認爲這是歷史上第一個大錯誤，事實上原來的國號和國旗，也沒有什麼不好嗎？尤其「九龍旗」、「五色旗」的確頗有它的「群性」，而且已爲群衆所接受，但國民黨硬把它換下來了，沒有別的原因，就是一種狹意識自私情緒的表現。「青天白日滿地紅」是一面美麗鮮艷的好旗，它之所以後來被人排斥，就是因爲「青天白日」，先已經是中國國民黨的黨旗了，人家看起來不是滋味，可以避免而不設法避免，這不是遺憾，而是自私作祟，害了人壞了事，實在可惜。假如國民黨中的開明人士，能在最近提議，把黨旗另外設計一幅新的，就更能顯出國民黨翩翩風度了，這對未來，裨益甚大。

其後，毛澤東帶領了一批共產黨員，解放了大陸，他接受心胸狹小人士的建議，又把中華民國的國名、國歌、國旗都換了，這是歷史上第一個錯誤，說開了也是意氣用事，出於自私情緒化的表現。其實一個政權的改變、轉移、與國號、國旗、國歌（好不好）何干？用得著廢棄和改變嗎？尤其共產黨，把中華民國的國名和國旗改掉，改得太沒有道理，因爲，中華民國的建立，有太多的共產黨員，都貢獻了血汗，甚至獻出寶貴的生命，把自己創造建立出來的國名、國旗抛棄，寧非可惜，這大概也是國旗中有「青天白日」的關係，因爲它是代表國民黨的黨旗嗎？外加一幅大紅布，就成了「青天白日滿地紅」國旗，這樣如何自圓其說，把自己的黨旗放在國旗裡面，做得實在太愚蠢，不知妨害多少事啊！我眞不明白，國民黨和共產黨（原來是國民黨）有識之士，難道就不提出來，這樣做不妥嗎？聽任一些觀念狹窄、智慧淺薄、眼光短視的人把持，眞是害死國民黨了。最近有文章說，「中華人民共和國」成立之初，毛澤東曾反對，把「中華民國」的名稱，改爲「中華人民共和國」的，如果是，就不失爲「英明」了，可惜毛澤東沒有堅持到底，否則，就不知道要減多少困惑了。

八、中國應以「中華民族共和國」為國名

這數十多年來，大陸的「中華人民共和國」，和在臺灣的「中華民國」，這兩個既抽象又具體的名字—中國國號，坦白地說：誰也不能否定誰，兩者都有其「支持」和「反對」的人民存在，未來的「和平統一」進行時，如果要在兩者之間選其一，我想又是一樁比登天還難解決的事，在這個重要關卡上，國民黨和共產黨，誰也不會讓步的，爲了避免「統一」工作的延擱，我建議：「今後中國的國名，如果以『中華民族共和國』相稱，也許更能爲大家所接受和認同。因爲這些年來，在大陸、在臺灣、在港澳，以及海外的中國人，包括兩岸政府官員在內，爲了避免政治上的敏感性，大都使用「中華民族」。因此這個傳統的名詞，已然成爲「中國」的象徵，如果，我們以「中華民族共和國」作爲國名，它的包融性和涵蓋面，似乎寬廣多了，是一個爭議性最少的名稱。而且，可以避免一些政治野心家，來亂用國名。因爲除了「中華民族」這四個字，能具體的表示「中國」的意義外，已沒有更適合的詞彙了，這是值得考慮的問題。

最後，我要再提一個建議：爲了證明兩岸謀和的誠意，我主張應准許中國共產黨到臺灣來成立黨部，並准其公開的、自由地吸收黨員、發展組織；同時，中國國民黨，亦得前往中國大陸各地成立其黨部，亦准辦理其公開的、自由地吸收黨員、發展組織，其

他政黨都得照案開放辦理，至於黨的好壞，由人民自行選擇、認同。總之，大陸和臺灣兩地，都不得設限禁止，亦不得干涉。其實，只要合情合理合法，誰也無權阻止，誰不准來，誰又不准去的問題。你是執政黨，你的責任和權限，就是盡心盡力，爲人民服務，一切爲人民設想，爲人民造福，你做得好你怕誰反對？你是執政黨，你不盡責，愧對國家同胞，人家起來反對是應該的，所以黨派的認同，應該由人民自己來選擇。

其他如：報紙、雜誌，也應開放自由成立報社，自由發行，讓雙方的人民自由訂閱，以增加了解與加深認識。這是極爲必要的。至於「三通」應當立即開放，就更不要說了。這是合乎民主的做法，對「和平統一」更有莫大裨益。

一九九二年八月廿九、卅、卅一日至九月一、二日世界論壇報連載五天。

抗議美國軍艦進入中國海峽

中國自古以來，就是由許許多多個小民族，融合同化成一個個大民族，再由衆多的大民族，凝聚組合成龐大的國家。最明顯的有—夏商周、秦漢、魏晉南北朝、隋唐五代、宋元明清……歷六七千年，其間有分有合，有聚有散，但萬變不離其本，到最後仍歸結爲—中國。

所以近世來風行國內外的中國章回小說；三國演義的作者羅貫中筆下的：話說「天下久合必分，久分必合」成了家喻戶曉的名言。所以中國人的爭爭吵吵，原也是算不了什麼大事。前面說過，我們中國的構成組合，原本就是多民族多文化的國家，大家長久相聚在一起，有時出現意見紛歧、理念不能一致，也是正常的現象，就有如：現在的—海峽兩岸關係，雖然有數十年的相互隔離、政治體制、生活習慣、經濟條件，稍有差異……而這些現象，我們可以肯定的說，是暫時的，只要經過一段時間的交往、互補，這種「差異」，就會消失於無形，用不著大驚小怪。

因此，今日所謂的「臺灣問題」，也只是島上有那末一小撮的人，心懷貳志，背離了中華民族血濃於水的情操，或者是受了近代西方殖民主義思想的影響，加上一些國外反華政客煽風點火、推波助瀾，孕育成一股不滿的情緒，他們反政府、反制度、反文化、反歷史、反……甚至喊分裂、喊獨立……一言以蔽之，無非是一種憤怒、不滿的情緒的發洩……因此，這一切的反動，都是我們中國人自己的事，與別人無關，其實我們中國人把生活當作一種藝術，政治是一種哲學，人與人的爭爭吵吵，也是一種思想、行爲、觀念等的另一種溝通的技巧和方法，只是美國淺薄不懂這個道理而已。

——冒冒失失的，魯莽荒謬的，把幾艘原來停泊在正進行欺壓、威脅、恐嚇別的國家的軍艦，而千里迢迢奔赴到——我們「中國海峽」來，擺在我們臺灣島的附近，也想如法炮製，像威脅、恐嚇別的國家一樣，來企圖威脅、恐嚇我們中國，並想用長期以來，以美國人的利益片面所訂的，什麼「臺灣關係法」，繼續長期掌控臺灣，這實在是太天眞和幼稚了！要知道：現在是一九九六年了，不是一八八五年前後那些時刻：「你們說了就算。」今天的中國，雖不是十分強大，然而也已經有站起來說『不』的能力了。

因此，我要奉勸美國人，如果識相點，就應該把那幾條軍艦開回去，臺灣問題，是我們中國人自己的問題，中國人有智慧、有能力，自己會解決，用不著你們「關切」，更用不著你們「操心」！

請別再用「愚蠢」二字，放在中國人的頭上，更重要的是：當我們的祖先，發明「船」、發明「車」的原理和發明「飛」的物器時，卻有太多的人，連褲子也不會縫製，更有些說別人「愚蠢」的民族，連影子也還未出現呢？只是，我們曾是先進的民族，但從不用睿明的智慧去騙人去訛人：我們曾是頂尖的強國，卻從不以大國的意識和行為欺壓別人！夏蟲不可以與之言冰，——六七千年與兩百多年之比，像你們這種人，知道的事情太少了！把兵艦開回去吧！別在這裡耀武揚威啦！是的，美國人該明白：向著中國人，說三道四，指手劃腳或頤指氣使的時間，已經過去了。更明白點說：「中國一定強」！這是過去的語言，今天應該說：「中國強定了」！別再說什麼：「遏阻、圍堵、拆散中國啦」！說多了人家會講你美國人淺薄，只當是夢囈中的胡說。

聯合國秘書長蓋里三月八日說得好：「——海峽兩岸的事，是中國人的內政，外國人最好不要涉入……」

基於這一聲明，我們的確可以感覺到：臺灣問題本來是極其單純的；為什麼會變得如此複雜呢？那就要問美國那些長久以來，處心積慮製造出：臺灣獨立、臺灣自決、臺灣托管……等那些無恥謬論的人士了。

一九五〇年美國派遣第七艦隊，進駐臺灣海峽（中國海峽筆者註正），其用意就是阻止兩岸人民交往。如今四十年過去了，我們兩岸已開始交流了，美國人又眼紅了，趁著臺灣辦理選舉，中共投射飛彈，又藉詞托故把原來駐防在波斯灣等海域的兵艦群，駐進臺灣附近海域來了！還恬不知恥的說：是來「監控」；人家在自己的領域內試射飛彈，舉行海陸空演習，你美國人憑什麼要「監控」？說明白點，就是想把臺海緊張局勢升高，好從中謀利，好讓島內那一小撮獨台、台獨分子，把臺灣更搞得烏烟瘴氣，使兩岸的中國人，爲民族的統一大業，更增加複雜和困難。更明顯一點的說，就是不希望中國統一，不希望臺灣重回到中國的懷抱，更不希望見到中國堅強壯大。因此，我呼籲每一個中國人，不管你身在何處，職所何業，都該挺身而出，不僅要反臺獨，更要反侵略；全世界上的人，都承認中國只有一個，而臺灣是中國的一部分，因此，我們不准任何人、任何國家、以任何理由，企圖分裂我們的領土，分裂我們的國家，橫行霸道，把自己的軍艦，停靠在別人的國家的附近，小之就是威脅、恫嚇，實行恐怖；大之就是企圖侵略，我們堅決提出抗議。我們要聯合全世界一切被侵略、被威脅、被恫嚇、被恐怖鎮壓過的一國家和民族，勇敢的站出來，向長久以來，就慣用這種高壓，恐怖的惡性強權，提出嚴重抗議，我們要揭穿他們的假面貌—他們一向口喊「和平」，其實，儘做一些傷害和平的勾當；一向口喊「人權」，儘做一些違害人權的事情，說要「公道」，自己卻一點也不公道！自己長久以來，發展「核子武器」，擁有太多的核子武器，更憑著這些核子武器，到處欺壓別人、恐嚇別人，卻蠻不講理的，不准別的國家，擁有核子武器，一心想獨霸天下，吃盡天下蒼生，這實在是太可惡了！

中國是一個愛好和平的民族，有史以來，從未主動去干涉別國的事務，因此，我們也希望—中國人的事，由中國人自己來處理，同時擴而大之，全世界各國的事，也應由各國人民自己來管，不要美國人來指手劃腳，這是天經地義的道理。只要我們團結起來，美國沒有什麼讓我們可怕的！五十年代，美國人和中國人，在韓國戰場上，已作公平的較量，在這一場戰役中，美國人死傷了十四萬二千多人，其餘的被逼得丟甲棄盔，落荒而逃。最後不得不在板門店的「停戰協議」上，簽字結束這場戰爭。美國的參謀首長聯席會議主席布雷德萊，還很感憾的說：「我們捲入韓戰，在錯誤的時間，錯誤的地點，同錯誤的敵人，打了一場最錯誤的戰爭」。是的，中國人經歷鴉片戰爭以來，一百多年的屈辱歷史，從被強權「修理」的慘痛教訓中，已經領悟出立國自強之道了，今日的中國人和中國軍隊，已非昔日的「吳下阿蒙」啦，可以說一個個都是能征慣戰的勇士了，如果今後美國人，膽敢在中國的地土上，發動戰爭，我敢保證—布雷德萊曾經說過的話，一定又有一個美國人，在萬般無奈中，再重說一次。不信，且拭目以待。

一九九六年三月十一日於蓮花廳書屋

同年三月十九日世界論壇報發表；國是評論月刊轉載

注記：該文在世界論壇報三月十九日發表時，將「抗議美國軍艦進入中國海峽」誤植爲「臺灣海峽」，經筆者糾正，該報於三月卅日正式登報更正。

論兩岸國號·國旗·國歌

曾經有文章說：毛澤東先生曾說過，他一生只做錯一件事，就是不應該把中華民國的國號改掉……最近一些日子來報載：中共一些重要的領導人，也一再的說，兩岸和平統一，除了台獨外，其他的一切問題，都可以坐下來談，比如說：像國旗、國歌等，都可以談。我認爲這是進步的想法，値得大書特書。

筆者，一九九〇年四月在中華雜誌寫過一篇文章，「我對和平統一的看法」，一九九二年一月在臺北一家日報上，我也寫過「我對中國問題的想法」，這兩篇文章，都談到旗歌問題和國號問題，現在既然中共的統戰部長王兆國先生，也說話了，說可以談了，因此，不妨具體一點，談個明白些。

一、先談兩岸的「國旗」和「國號」：孫中山先生領導的「國民革命」，推翻了大清帝國，把國號改爲「中華民國」；國旗也換成了「青天白日滿地紅」，我認爲這是歷史上，第一個大錯誤，事實上原來的國號、國旗，也沒有什麼不好嘛！尤其「九龍旗」、「五色旗」，的確頗有它們的「群性」，而且也已爲衆群所接受，但國民黨硬把它換下來了，沒有別的原因，就是一種狹意識，自私情緒的表現。「青天白日滿地紅」，是一面美麗鮮艷的好旗，但它之所以被人排斥，就是因爲「青天白日」，先已經是中國國民黨的「黨旗」了，加上一塊大紅布，就說是「國旗」，人家看起來，就覺得不是滋味。可以避免而不避免，這是不遺憾，而是自私作祟，害了人壞了事，實在可惜！

其後，毛澤東先生，又帶領了一批共黨同志，解放了大陸，他接受了心胸狹小的人士的建議，又把中華民國的國名、國旗、國歌都換了，這是歷史上第二個大錯誤，說開了也只是意氣用事，出於自私、情緒化的表現，其實一個政權的改變、轉移，與國號、國歌、國旗，何干？用得著廢棄和改變嗎？尤其共產黨，把中華民國的國名和國旗改掉，改得太沒有道理；因爲，中華民國的建立，有太多的共產黨員，都貢獻了智慧、血汗，甚至犧牲了生命，把自己創造、建立出來的國名、國旗拋棄，寧非可惜!?這大概也是因爲，國旗中有「青天白日」的關係，因爲它是代表中國國民黨的黨徽嘛，共產黨當然不要這個鬼東西啦，說實在的，把自己的黨旗（黨徽），放在國旗裡面，不是幼稚也是愚蠢！爾後就因爲這些愚蠢的行爲，把國民黨害苦了！我眞不明白，所謂：前車既覆，後車當鑑，共產黨卻不信這個邪，於三十八年之後，打垮了國民黨，成立中華人民共和國時，居然又走國民黨的老路，換了國號意猶未足，把國旗也換了，還硬把代表共產黨的「五角紅星」放進了國旗裡面，成了所謂：紅底黃星，一大四小的國旗，這與國民黨人士的幼稚與愚蠢，無分軒輊，甚至更蠢更愚，因爲有國民黨的「鑑」，而不鑑啊！我眞難過。

現在聽到中共一些領導者們，有鑑於此，說，爲了和平統一，共同商討問題，什麼都可以談，連共同改換國號、國歌、國旗，都可以談，就開明了，進步了，值得讚美！

其次，再談國號問題，我建議：「用中華民族共和國」。

這數十年來，大陸的「中華人民共和國」，和在臺灣的「中華民國」，這兩個既抽象又具體的名字—中國國號，坦白的說，誰也不能否定誰，兩者都有其「支持」和「反對」的人民存在，未來的「和平統一」進行時，如果要在兩者之間二選一，又是一件比登天還難解決的事，這個關卡上，國民黨和共產黨，誰也不會讓步的，爲了避免統一工作的擱延，我建議：今後中國的國名，以「中華民族共和國」相稱，也許更能爲大家所能接納和認同。因爲這些年來，在大陸、在臺灣、在港澳、在海外的中國人，包括兩岸政府官員在內，爲了避免政治上的敏感性，大都使用「中華民族」。因此這個傳統的名詞，已然成爲「中國」的象徵，如果，我們以「中華民族共和國」作爲國名，它的包融性和涵蓋面，似乎既寬且廣了，是一個爭議性最小的名稱。而且，可以避免一些政治野心家、來亂用國名。因爲除了「中華民族」這四個字，能具體的表示「中國」的意義外，已沒有更適合涵蓋「中國」的詞彙了，這是值得考慮的「名稱」。

至於國歌，臺灣的國歌是黨歌，那是無庸置疑的，一開頭就是：「三民主義，五黨所宗……」所以人家不願意唱，筆者四十七年在師大讀書，第一次參加朝會，司儀高喊：

唱國歌、唱國歌、唱國歌」一連三遍沒有人唱，最後劉眞院長大罵，但還是鴉雀無聲……，不久之後，就改用擴音器，唱不唱誰也不管了！

中共的國歌，是游擊隊進行曲，我小時候就聽哥哥姐姐們唱過，我聽會了，第一次返鄉探親，在福建聽到，我還當著我的幾個外甥面前流淚呢！那是因爲那句：「起來，不願做奴隸的人們」，令我感動不已。不過，這條歌固然很感人，但當作國歌，仍然有其階段性，階段性一過，就有些不適用了。所以趁著「和平統一」的談判的到來，國號、國旗、國歌，都來廣泛地，徵求人民的意見，來作一次改正，讓它們能眞正代表中國、代表中國人、代表中國人的聲音。

一九九五年三月十七日寫

同年三月十九日世界論壇報暨國是評論・聊天雜誌・漏網新聞轉載

後記：尤其漏網新聞爲八開大型雜誌，用了跨頁兩整頁；毛澤東、蔣介石的放大像和中共的五星旗及國民黨的青天白日滿地紅旗，都製版擴大印了出來，很是醒目。

《中國威脅論》很荒謬！

不錯，在過去幾千年的歷史長河中，我們中國的確一直被列名在世界強國之首；因爲歷史悠久，文化進步，而且講禮守信，又愛好和平；科技特別發達，我們發明了火藥；我們發明了紙筆印刷；我們發明了羅盤；我們發明了舟車船舶……甚至今天最尖端的飛機、潛艇、飛彈、火箭……在一兩千年前，那些中國古典書籍和小說中，就有很具體的構想和設計了。

然而，我們中國發明了，這些諸多先進的科技，我們也把這些先進的智慧傳授給諸多鄰國，我們從不把這優秀的科技去詐人，去訛人，只把它們製作成生產器械，當作耕田種地、森林獵狩，河海漁撈的工具。以增進和改進人民的生活，從不以擁有這些特殊的利器，去干犯別人，去侵略別人，因爲我們中國人，從小就被教導成：要敦親睦鄰，與世人和平相處。

因此，今天一些西方霸權主義者，所說的：「中國威脅論」，是一種極端欺世人的荒謬之言，是一種「自己是賊反喊捉賊」的行爲，是一種障眼法。一言以明之，就是不希望中國安定，更不希望中國進步，繁榮和富強；因爲中國站起來了，富強起來了，西方霸權者，就無法像以前一樣，來欺凌和壓迫中國人民了，所以他們要瘋狂的大喊：「中國威脅論」——要圍堵中國，要折散中國……這是卑鄙和無恥的！

現在，爲了想證明，究竟是誰威脅了誰？欺侮過誰？這個莊嚴的問題，特列舉中國近百年來，發生過的事情：

——一八三四年，英國人強行在中國廣州設置「駐華商務監督」。您知道什麼是「商務監督」嗎？其實只是爲了方便掩護英國奸商，在中國販賣鴉片，來毒害中國人民的機關而已。何以證明？一八三四年全年進口鴉片，只有二百箱，成立商務監督後一年增加至近四萬箱。

——一八三九年一月，林則徐以欽差大臣名義到了廣州，要求英商交出鴉片二萬餘箱，於六月三日在虎門海灘銷燬。英商並自願出具甘結：——永不販賣鴉片，一經查出：「貨盡沒官，人即正法」。雖然白紙黑字，但英國政府白賴，進而組成一支遠征軍，使用武力，打開中國販運鴉片的大門，強占浙江定海，進逼大沽。並繼續增兵犯我長江，而進逼南京，強迫中國接受由英國單方提的條件。

一八四二年七月訂立「南京條約」：

一、開放上海、寧波、福州、廈門、廣州五個港口，准許英國人貿易、居住，並設立領事館。

二、割讓香港。

三、廢除公行。

四、賠款二千一百萬元。（包括：烟價六百萬元、商欠三百萬元、軍費一千二百萬元。）

五、秉公議定稅則。（從此中國的關稅自主權，被強行奪去）。

——這就是所謂的：「南京條約」。也是英國人強迫中國訂下的「第一個不平等條約」。更可以說：「南京條約」是貽禍中國無窮無盡的條約；中國近百年來，許多大災大難都是因「南京條約」，創下的惡例而開始的！

不是嗎？賡續而來的：美國就派了一個專使叫顧盛的，在一八四四年到了中國的澳門，強迫我中國，要比照南京條約，簽訂所謂的：「望廈條約」。又叫「五口通商章程」。法國人知道後，也跟著要求訂一個與英約相同的「黃埔條約」。而且另外增加保護天主教的條款。接著又有比利時、葡萄牙、荷蘭、西班牙、丹麥、瑞典、普魯士等國，亦照英、美、法之約，在中國的五個港口，通商貿易。

——一八五七年英人對「南京條約」，還不滿意要求修改，又主動要求美國和法國，一起行動。俄國人看得眼紅，也趕緊插上一腳。因爲中國對修約，不表同意，稍有拖延，英國和法國，就出兵來打中國了。美、俄雖未直接參與軍事行動，但在外交上充分支持，加緊威脅、逼迫中國，成爲英、法的幫凶。四月英、法軍隊，強佔廣州，大沽砲台被毀掉，進逼天津，遂又強迫中國簽訂「天津條約」，其內容是：
一、加開營口、煙台、臺灣、汕頭、海南島；還有鎭江、九江、漢口、江寧爲港口。
二、確定領事裁判權和修改稅則。
三、賠款英國四百萬兩；法國二百萬兩。

南京條約開放的港口，是從北到南；而天津條約開放的港口；則是由東到西的岸灣，到此中國沿海重要口岸港灣，都被列強帝國主義者，蠻橫無理的控制了。還有：

——一八五八年四月，在英法聯軍攻打中國時，俄國不惜與英、法勾結，從中獲利之後，又單獨要求中國，訂立「瑷琿條約」，強迫中國割讓黑龍江以北，外興安嶺以南的大片土地。而烏蘇里江和黑龍江的航行權，也強迫開放讓俄國人自由航行。最好笑的是：

——一八六〇年八月，英、法軍艦又開始砲打中國了。說是：前一年牠們航行經過大沽時，曾被大沽口砲台攻擊受創而要報復，又大量增兵攻陷大沽、天津，並進入北京，把北京西郊的清宮御苑圓明園內，所有珍寶、古玩、文物，洗刼一空，搬不動的珍藏，繼之焚燬，大火三天三夜，所有藝術珍寶、全部化爲灰燼。九月英、法、俄，再聯合強迫中國，簽下「北京條約」。其內容是：
一、開天津爲通商口岸。
二、割九龍司給英國。

三、准許傳教士在各省購買土地。

而俄國人爲什麼也加入其中呢？他是乘人之危，硬說：他調停「英、法和議」有功，也強迫中國，與俄國訂立另一個「北京條約」。條約中規定：

一、烏蘇里江以東，即現在的吉林省東部，歸俄國所有。

二、准許俄國人在庫倫、張家口、喀什噶爾通商貿易。

綜上所計，俄國人也因爲，由於英、法在中國橫行霸道、欺凌壓迫中國時，趁機攫取中國土地，其面積比現在的東北九省，還要大得多。

——一八七六年英國人，想要進入中國雲南省經商，英自行派遣探測隊，經緬甸入雲南，有翻譯馬嘉里者，在湘、黔途中死亡，英國人硬說被人殺害，以此爲藉口，提出種種苛刻要求，最後仍強迫訂立「烟台條約」，其內容是：

——「賠款、謝罪、懲凶，並允許和雲南通商，另增加重慶爲通商口岸」。

——一八九四年七月一日，因朝鮮東學黨事件，日本藉機挑釁，引起戰爭，日本強占中國的大連、旅順、遼東半島。並盡毀我海軍兵艦及北洋艦隊，日本尚嫌不足；明年：

——一八九五年三月，強迫我中國訂立「馬關條約」，其內容是：

一、中國確認朝鮮爲獨立自主國。

二、割讓遼東半島、臺灣、澎湖。

三、賠款二萬萬兩。

四、開蘇州、杭州、沙市、重慶爲通商港口。

五、日本得在通商口岸，設廠製造。

六、日本得最惠國待遇。

後來遼東半島沒有割讓。因俄、法、德諸國，爲了各自的利益出面干涉，才由中國收回，但日本卻勒索中國，另付贖金三千萬兩。

中日之「馬關條約」和中英之「南京條約」之簽訂，乃是對中國的奇恥大辱，對中國之生死存亡，影響至深，簡單的說：「南京條約」，開啓了列強帝國主義者，侵略竊據中國的野心：「馬關條約」，更加強了列強帝國主義者，企圖瓜分中國的行爲。於是：

——德國人說：他干涉日本交還遼東半島有功勞，強迫中國租借天津、膠洲灣、漢口給他爲租界。（一八九五年）。

——俄國人說：他也要租借旅順、大連，以便修築南滿鐵路。要監督中國財政、干預中國政治。（一八九六年）。

英國人：強租威海衛；並擴展九龍界址。（一八九七年）。

法國人：不甘落後，強迫租借廣洲灣。（一八九八年）。

這些強迫簽訂的租約：德、俄爲二十五年；英、法各爲九十九年。這些租借地，都是中國沿海的優良港埠、岸灣，是中國海防的咽喉、要塞區域，這些列強帝國主義者，皆是以橫行霸道、竊據掠奪佔用。

筆者要沉痛地指出來，列強侵略中國，最初係採蠶食偷竊的做法；但中英「南京條約」；中日「馬關條約」之簽訂，乃採公然的割據侵佔；香港是一片完整的地區，而臺灣是一個行政省區，整片地區整個省份，英日竟敢公然強迫中國割讓，請問：公理在那裡!?正義在那裡!?

——一九○一年七月，藉口義和拳匪亂源，八國聯軍又浩浩蕩蕩地，打進了中國的北京，造成中國的皇帝，踉踉蹌蹌的逃出京都；一爲英法聯軍—文宗皇帝逃奔熱河；一爲八國聯軍—德宗皇帝出奔西安。筆者要在這裡，特別指出來，這次的八國聯合攻打我們中國的，其中正好就有今天高喊：「中國威脅論」的美國帝國主義者在內。

八國聯軍，有人直稱是：「拳匪之亂」，起因各家說法不一，但有一點可以肯定：就是國人氣憤列強侵略、欺凌、侮辱、壓迫……中國人已到了「忍無可忍」的地步了，他們（義和拳團）才生死不顧、自己欺蒙自己說：「神靈附身，不要槍砲」，而以血肉之軀，來和洋鬼子的洋槍大砲一拼了！唉！一些受盡欺凌，受盡壓迫，受盡侮辱的人，而以一死來換取「尊嚴」，又何忍心說「拳民」愚昧，迷信呢!?眞正愚昧的，是那些貪得無厭、無盡的西方列強才是。

八國聯軍於踐踏、蹂躪北京宮城之餘，盡情劫掠宮內所有珍藏的貴重文物之後，再強迫中國和他們簽訂條約，使他們劫掠、侵略的行爲合法化，因爲那年正是光緒廿七年（一九○一），歲屬辛丑，所以就叫「辛丑和約」。其內容是：

一、派親王大臣，分赴德國和日本謝罪，並爲德使克林德建紀念碑。

二、懲辦禍首。

三、禁止軍火進口兩年。

四、賠款四億五千萬兩。（等於全中國人每人一兩）

五、畫定使館界址，由各國駐軍防守。

六、削平大沽及北京至海口砲台。

七、各國駐軍於北京至海口間諸要地。

八、改總理各國事務衙門爲外務部。

唉！要舉的史例太多了，我只提出這些，但願那些狂喊「中國威脅論」的人，能沉下心來檢視一下，那些白紙黑字的條約上，究竟說了些什麼？或者到你們的博物館中看看，那些劫掠自中國的珍寶文物，不是完整地陳列在那裡嗎？是我們中國人，威脅著你們，陳列在哪裡嗎？

把你們的洋槍大砲，擺在我們的土地上；把我們作爲防禦設備的砲台剷成平地；在我們的京都、要地，駐你們的軍隊，也是中國政府，威脅著你們這樣做的嗎？

一百多年來，一次又一次，都是隨便找一個無恥的藉口，就把軍隊開到中國來了，所到之處，無不肆意搶劫燒殺，姦淫擄掠，家破人亡，死傷無計，反過來還要中國人謝罪、賠款、割地……一次又一次，在列強槍尖下，強迫中國簽下的條約，歷歷猶在，只要坐下來，仔細地看一看，就知道：「究竟是中國威脅了你們!?還是你們威脅了中國」筆者如此說，倒不是故意翻舊帳，拿來數落一些高喊「中國威脅論」的歐美人士，實際要表達的意思是：中國歷來就是一個愛好和平的國家，最壞的仗已經打過了，不會再去計較的，今後中國富強起來了，他也永遠不會去威脅誰的！

所以，「中國威脅論」之說，是沒有必要的，更是卑鄙可恥的！

一九九六年七月三、四日世界論壇報連載

國是評論月刊轉載

臺灣鄉親·安啦！

報載：我們對岸的大陸老鄉，把原來駐防在他們江西省的M族飛彈，移防搬到咱們隔海只有一百二十——一百三十浬海的福建省來啦！所以我們的參謀總長劉和謙將軍慌了。說是：全臺灣島，已經涵蓋在M族飛彈的射程以內，危險了！

於是：我隔鄰那家股票公司內的股友們，一個勁的用跌停板價，掛出了自己的股票，造成股市一路下滑……。

大街小巷的房屋牆壁上，貼滿了削價廉售的招貼……。

旅行社趕辦移民國外的老鄉，又多起來了……

……

我也想到辛苦一輩子，積存的那兩萬元存款，是否該取出來；台幣是否會跟著貶值了，怎辦!?

但是一位在劉總長部下，曾任過上士砲長的榮民，卻告訴我：「老鄉你別緊張，別的俺不懂，至於M族飛彈，射程有六○○公里以上；福建距離臺灣一○○多浬許，是打不到的！那位上士砲長怕我聽不懂，又說：不是打不到，而是超過了許多！這位砲長看我，似乎還是不懂的樣子，他進一步的說了一個連他自己，也似懂非懂的彈導道理，他搖了搖頭又說：唉！是什麼「拋物線」吧！臺灣是彈道拋物線下的「死角」！因此，打不到的！要筆者放心！

上士說：對岸的老鄉把M族飛彈移到福建，不是來打臺灣，如果是想打臺灣，應該是要把M族飛彈，拖回到江西去才成；道理很簡單，對岸老鄉聽說有洲際飛彈，可以打到美國，美國他們很擔心，爲什麼不打臺灣，也是射程超過了啊！但是，咱們臺灣有很多讀了許多書的人，老早就知道了這個秘密，所以敢於出來「搞台獨」！他們很聰明，不告訴我們說：飛彈射程太遠了─打不到，而說：對岸「中國人」不敢打！所以「搞台獨」的動作、聲音，愈來愈凶，連咱們總統也跟著起哄了！─因爲他們都知道射程超過了嘛！

於是，我安心了，存在臺灣銀行的二萬元，也不必取出來了。

……………

但是，昨天住在我隔壁的老張，丟下電視不看，慌慌張張跑到我那裡，他說：不得了啦，國防部長蔣仲苓將軍要開始去打「共匪」（李登輝用語）了。

我問他消息從那裡來的！他說：「蔣部長在立法院報告的」，即使臺灣有「愛國者」飛彈，也無法擋住M族飛彈的攻擊……因此，蔣部長說：「最好的辦法，就是在M族飛彈未發射前，就予以摧毀……」老張說：「這不是要反攻了！他要主動去打「共匪」了！

於是，我把電視機關了，「去、去！老張，把那份報紙拿來給我看……我又想到：—我臺灣銀行還有二萬元存款呢！如果是這樣，我要趕緊取出來！

老張走了，我又突發奇想了！

唉，不是蔣中正總統死得太早，就是劉和謙和蔣仲苓二人生得太遲，如果幾十年前，蔣中正發現了這些優秀傑出的將領，還有那位上士砲長，說不一定也就不會退到臺灣來了！可不是嗎！咱們劉、蔣二將，指揮的三軍多精良，且看看：

咱們的空軍在試射時，不是不偏不倚，一砲出口就把自己的靶機打下來了，灰飛烟滅了，命中率百分之百。

咱們的陸軍部隊演習，戰車部隊一馬當先，把一部正在行進中，由一位女士駕駛的小轎車，壓個粉碎……演習，就是作戰，一切都要眞實，這的確做到了。一旦戰事發生，筆者我對他們的指揮有信心。

就是昨天，海軍一艘艦艇，開放讓民衆參觀，一張扶梯的繩索忽然斷了，有很多民衆跌落在海中，聽說淹死二人，傷者也不少……這也是活的教材，因爲劉總長說過，對岸的老鄉的飛彈，已經從江西移到了福建，射程涵蓋全臺灣，基於此，咱們今後吃飯、睡覺、上廁所，都要有危機意識，參觀海軍船艦，扶梯突然斷了，也是一種鍛鍊，處處要提高警覺，一旦發生變亂，才會處變不驚呢。

一九九五年三月十五日世界論壇報·聊天雜誌

山不過來，我過去

——評李登輝接受時代周刊專訪

讀了你跟美國「時代」周刊那篇專訪，說眞心話，我的確也感觸良深。知道你事前的準備和安排與設計，也是頗爲費了一番心思。

比如說：你舊事重提，把兩年前說過的：「願意前往大陸作『和平之旅』」的話，我在當時也曾爲文，讚賞那是一個好主意。但是，由於你要求得太多、太過分——你說：要以「總統」的身分去……所以，這個好主意，就有如石沉大海；說了等於白說沒有下文了！

因爲，在「他們」——就以江澤民先生爲代表吧！臺灣根本就是中國一個省，那來的「總統」？當然就搭不上調了！當然也就不理不睬了！

這次柯林頓要訪問大陸，你也認爲機不可失，你身邊的人替你設計了一套說詞：假如柯林頓在訪問大陸期間，如果在跟江澤民見面，討論問題時，可以順便提出：「爲何你們不請李總統到北京來玩玩」。

嗯，我認爲也是一個好主意——當然，這裡姑且不論柯林頓願不願意提出來的問題。但是主意雖好，但同樣患了上一回的老毛病，多了「李總統」三個字，因此，問題又要回到「原點」了——柯林頓不會提出來，提了也是沒有下文。君不聞，人家三番五次的說：「中國只有一個，臺灣是中國的一部分」。又那裡能跑出一個「總統」來呢？柯林頓會這麼傻，要當著全世界上的人，打自己的嘴巴！你的毛病就在這裡，每次說話和做事，總是把最回惑的問題丟給別人家。其實，這話的本身，就充滿了相互矛盾。

比如說：記者問你如何因應北京稱呼你的問題。

你說：「對岸」或「他們」可以稱我爲李總統；因爲，我是這個國家的總統。這個「對岸」——指的那裡？這個「他們」——又是誰？你不敢說是：中華人民共和國；也不敢明說：江澤民等以下諸人。

而——「我是這個國家的總統」！

——「這個國家」：究竟是「那個國家」呢？「總統」又是那個國家的「總統」呢？你自己都不敢理直氣壯，旗幟鮮明的擺出來的原因何在？爲什麼言不由衷、呑呑吐吐，不能明言，不敢明言，一言以蔽之，名不正，言不順嘛，理不直氣就不壯了——臺灣——正如建國黨說的——不是一個國家嘛！

當記者提到：北京的領導人，永遠不會讓你以「總統」身分，訪問大陸的。

而您卻說：「有何不可！他們只要『改變想法』就可以了」。是的，如果你眞的有心，想把「兩岸的心結」，在你手上打開，你最好能將氣度更恢宏、更遠大、更開朗一些，他們大陸不能「改變想法」，不如您李先生，先行「改變自己的想法」，不是來得更務實、更積極、更明前瞻性！也許更可以早日跨越兩岸自設的藩籬呢？

李先生：如果你眞的想去，眞的想爲祖國的和平統一大業，盡一分心力，其實你有現成的，最眞實而且適當的名稱——中國國民黨主席，你千萬別忘記：中國國民黨，曾經領導過全大陸——以這樣的頭銜，訪問大陸，比臺灣省二千一百萬人選出來的「總統」，要堂皇光榮得多了！而且我可以預言，你會風風光光的下飛機，大陸的領導人，一定會率領他們的主要官員，在人民大會堂、天安門廣場，列隊歡迎你，爲您獻花。

你是一位虔誠的基督徒，我曾經看過這樣的故事：

穆罕默德有一次面對一群門徒說：

明天——我要用祈禱，將對面的青山移過來。

第二天——他率領虔誠的門徒，默默地祈禱，從太陽東升到夕陽西落……但對面的青山，卻巍巍矗立，半分也沒有移動……

穆罕默德面對衆多的門徒——注目而視……——

沒有想到穆罕默德卻泰然自若的說：「山不過來，我過去」。

是的，這個故事告訴我們，假如主、客觀環境，都不可能變動時，如果你能這樣——換一個角度去看；換一個思考方式去想，問題也許就解開了。

李先生，我建議你，不要等大陸上「改變想法」，不如你先「改變自己的想法」來得更明快、更務實呢？

一九九八年六月廿五日世界論壇報
國是評論轉載九八年八月號
一九九八年八月遠望周刊又轉載署筆名雲飛揚

難道「他們」要「一國一制」

中國兩岸必須統一，而統一的路徑，只有兩條；沒有別的選擇：

1.是：臺灣統一大陸。

2.是：大陸統一臺灣。

中國兩岸必然統一，而統一的方式，也只有兩個；沒有別的選擇：

1.是：一國一制。

2.是：一國兩制。

所謂：「一國兩制」，就是一國之內，容許兩種不同政治制度存在。如現在大陸實行共產主義制度（亦即社會主義制度）；而臺灣實行資本主義制度，並行不悖，「河水不犯井水」。只要遵守「一個中國」就行。

而「一國一制」呢？就不是這種情況了。

假如：臺灣統一了大陸，那麼臺灣實行的資本主義制度，就在大陸實行；反之，如大陸統一了臺灣，那末在大陸實行的共產主義制度，也要照樣在臺灣推行了。

——這數十年來，兩岸都是各搞各的；一旦說要統一，這的確也是一個嚴苛的問題，所以前中共領導人鄧小平，就想出了這個折衷的辦法——「一國兩制，和平統一」。這樣就可以避免許多不必要的爭執和衝突，而耽誤了統一大業。但是，偏安在臺灣島的一些大官貴人，卻不作如此想，因爲他們在蔣介石落荒逃來臺灣後，天天高喊：反對共產主義制度！反對共產極權！反對共產暴政！反！反！反！反成了今天個樣子，連中華民族的歷史、文化、語言……都要反了！有些臺獨偏激分子，幾乎到了凡是中國的東西都要反！自從香港回歸，實行「一國兩制」後；連這「一國兩制」的制度，也要反了！

您聽：

臺灣省的——李登輝、連戰和蕭萬長，都異口同聲的說：「臺灣不要一國兩制」！或者說：「臺灣不同於香港；一國兩制絕對不適用於臺灣」……

自柯江會談後，這種論調和呼聲，更是高亢而洪亮。他們一致的高喊：「臺灣絕對不要一國兩制」！

這的確使吾人深感不解：李登輝、連戰和蕭萬長，都曾口口聲聲的說：追求統一，不搞獨立……尤其李登輝更可愛，他一個人就喊了一百三十多次……但是，如今中國統一問題，已漸趨佳境；他們卻又領頭在說：「一國兩制，絕對不適宜於臺灣了」。李登輝幾天前和前香港末代總督彭定康說：「中國所提的：『一國兩制』，本質上是——曖昧、矛盾、不民主」……

這樣的說詞，我們是否可以解釋成：他們是「要求」或者「贊成」——臺灣實行「一國一制」呢!?而一國一制，就是把中共在大陸推行的共產主義制度，全部推行於臺灣!?

我想：中共領導人聽了，不知道該有多開心，早一點這樣說——不是省事多了！不過經冷靜一想覺得：要實行「一國一制」，困難度比「一國兩制」更高。因爲「一國兩制」，其手段是「和平統一」；而「一國一制」呢？能否如此？我們且來聽聽：李登輝對美國在臺協會理事主席卜睿哲說：「中華民國自一九一二年以來，即是主權獨立之國家……所以今後……凡涉及臺灣的們何事項，皆宜與我直接協商，不必也不應與中共進行雙邊對談」……。

連戰說：「我們的政策非常明確追求國家統一……但必須統一在自由、民主、均富的制度之下」。

但是中華民國駐美代表陳錫藩，在對美國政論周刊——國家紀事報說得更尖銳：「如果大陸仍由共產黨執政，統一就不可能實現」……他說：「北京的條件是：『現在就統一，條件我們來訂，那就是你們必須接受香港那一套』，我們的答案是：不！不！不！絕對不可能」。

李、連、陳三位談話的語意：都含有高度「主體」和「對抗」的意味。而臺灣政府官員，就喜歡這種調兒，因爲在突顯「主體」裡面，容易孳生「對抗」。他們認定有「

對抗」，才能顯出臺灣生存的「主體」性。一旦失去了「對抗」，就等於失去了「主體」的價值，甚至失去了生存的意義。換句話來說：臺灣實行一國兩制之後，臺灣就是中國的一部分，或一個省；道理很簡單——臺灣的「主體」地位沒有了；更現實的是：賴以呼風喚雨的總統、副總統、院長、部長……這些耀眼的光環——既唬人又唬自己的官銜也沒有了！總統府變成了省政府、院部變成了廳處，這情何以堪!?過慣了「朕即國家，國家即朕」的生活，一下子如何適應!?爲了躲避這種杆格的場面降臨，有知「一國兩制」，對臺灣是最好的結局，他們就是堅定的排斥，這的確是毫無道理的！

也有人說：除了「一國一制」和「一國兩制」，這兩個方式之外，還有第三條路可走，那就是：「保持現狀」。

何謂：保持現狀？簡單的說：就是不統不獨。

這種情況行之有年，爲臺灣帶來過數十年的安寧生活。但是，因爲李登輝的「出埃及」、「務實外出」、「入聯合國」……等動作，而把行之有年的「現狀」，打亂了也打爛了！加上那次——戰艦、飛彈事件後，現在連這種「保持現狀」第方式也不可得了！因爲：一般人的解釋：「保持現狀」就是名符其實的「獨立」！所以：「保持現狀」這條路，也是行不通的！他雖不是死路一條，但的確有其時間上的限制和迫切性——「保持現狀」？要保持多久!?能保持多久!?宜加深思的。然則，臺灣難道眞的像民進黨黨旗上的圖案所標示的——臺灣永遠就徘徊在——那十字路的中央？無救！無援！無依無靠嗎？這倒也不盡然如此，問題是要看領導階層的智慧——兩岸終必要統一，那末我們爲什麼，不能早點放下身段，集中智慧來研究一下——統一後，臺灣在大中國的成員中，我們究竟能扮演一個什麼樣的角色！如果，我們能事先制訂一些——進步的、重要的，能影響中國的政策來，才是突顯我們臺灣，在大中國的重中之重的！

作者爲經緯文化圖書回司總編輯

請問：從北京到台北要怎樣走？

日前，我的一位朋友要去花蓮，我告訴他：在台北搭自強號火車，既方便又快捷。他卻堅持：要從台北松山到高雄小港；再從小港至台北市東轉抵花蓮，我聽了深感不解。

最後，他才告訴我：他有一個女兒在航空公司服務；有免費的機票。我只好說：那就難怪啦，可以節省錢嗎？

——奇怪，類似的情況，也發生在——北京和台北，居然有人強調：

「從北京到台北，經華盛頓爲最近」。

因此，北京和台北，都有人這樣說：兩岸必須交流，必須先來往拉近距，增進共識。但是，這種兩岸交流、往來，必須經香港、澳門，或新加教、菲律賓、馬來西亞……或者更遠一點到美國、英國、法國或俄羅斯轉一圈才行。於是，兩岸的中國人，不論你寄信、做生意、探訪親友，或旅遊觀光……都採取這個做法（不是模式，因爲全世界還沒有這種模式）中國兩岸的老百姓，也都默默地承受了！爲什麼？因爲中國兩岸的百姓，數千年來都被那些狗皇帝，以及那些豺狼虎豹的狗官吏，壓迫、欺凌習慣了，總是逆來順受；他要你跪下，你還高喊：「皇上聖明」；他打你五十大板，那怕是皮開血濺，還得忍痛高呼：「謝主隆恩」。祇求他不殺你就行。

時代的巨浪，一波波翻騰、衝擊，被壓迫欺凌的百姓，起來革命了（——因爲饑餓；不革命也是要餓死）。把那些專制王朝推翻了……。但是，可憐的中國百姓，並沒有爲他們帶來幸福安寧的生活。爲什麼？因爲許多外國人又跑來——欺負壓迫我們中國人了！以前中國的狗皇帝、狗官吏，對百姓用棍子打、用刀砍……，現在的外國人更是用——船、飛機、汽車，裝滿了長鎗大砲；他們用一顆子彈，打死一個中國人，還不滿意，要用大砲、炸彈、毒氣，一枚炸彈開花，要炸死幾千幾萬人……，他們把我們的土地瓜分成條條塊塊，各自強行霸佔；有的用刀架在你脖子上，有的用鎗頂住你的背樑——逼著、壓迫你簽下租約或割讓的字據。

如香港，就被英國人強佔一百五十多年。

如臺灣，就被日本人強佔五十多年。

現在，香港已經收回；澳門還有一年也要收回。

二次大戰結束後，日本把臺灣交還給中國；但是，那個不爭氣的蔣介石，被中共趕出了大陸，心有不甘裹從了一批人馬來到臺灣；他明知在大陸時，是被美國人出賣了，仍然和美國人勾搭；於是第七艦隊進來了——臺灣海峽。（筆者按：九六年三月十九日曾爲文：「臺灣海峽應正名：中國海峽，曾獲北京及廣州珠江潮、海風雜誌多家報刊贊同」），並進而訂立防禦條約（已解約）美國趁機用各種方法滲入臺灣，並把持臺灣一切，名義上是中國人在治理臺灣，實際上大的事務，都是由美國人作主，眞是喪權辱國到了極點。今天臺灣陷入這種曖昧、模糊的局面，是蔣介石造成的，也是美國人樂意見到的，他不准臺灣獨立；也千方百計阻礙中國統一，這種不統不獨，就是「美國政策」。

這幾天美國總統柯林頓，正在大陸訪問，並連續在各地宣揚——民主、自由、人權……並強調：世界和平等諸問題，這裡姑且不論它的意義，以及用意和目的，或效果如何？但筆者對美國人這種作法，長久以來在心中，卻有另一種思維和質疑：美國人到每一個國或地區，都在談民主、講自由、宣揚人權……，而且批評別人的民主、自由、人權……，甚至宗教信仰、生活方式……，究竟是誰賦予了美國人——這些「放言高論，暢所欲言」；有時甚至：「尖酸刻薄，大事伐撻」的無上權力!?憑什麼美國人擁有這些權力!?

臺灣是中國的一個省，兩岸的中國人要求統一；用什麼方法，是他們自己的事，你美國人憑什麼要站出來，指手畫腳，說三道四，橫加阻撓？這又是那一類的白由、民主和人權呢？臺灣和大陸的統一，基本上是簡單的問題，爲什麼會弄成今天這樣複雜的局面，美國的強行介入，是其主要原因，這是明眼人都看得清的！

因此，這就難怪有人要說：

——「從北京到台北，取道華盛頓爲最近」了。

但是，我卻深感不以爲然！並且要批評，說這種話的人，不是昧於歷史知識不足；就是數學基礎太差。

歷史告訴我們：「統一」唯一的方法就是「訴諸戰爭」；且來看看：秦的統一——夏、商、周；漢的統一——魏晉、南北朝；隋的統一——唐、五代；以迨宋、遼、金、二、明、清……，那一個朝代不是打得頭破血流，最後兵敗者俯首稱臣，完成國家統一的!?香港的回歸，是一個歷史的意外，我的確希望兩岸的中國人，要再一次發揮這種崇高的智慧，並勸臺灣的領導人及政府官員，千萬別說：香港的統一模式，不適合於臺灣；別說：「一國兩制」不適合於臺灣，更不要把希望寄托在美國人的手裡，寄望一個強權來保護或干預，試圖拖延統一的進程，對臺灣並沒有好處；更不要等到別人覺得，縱使走了許多「灣路」——：

「從北京到台北，取道華盛頓爲最近」。也未能達到預期的效果時，那則「數學定理」——：

「兩者之間，以直線爲最短」。就在眼前浮現了，他們這時只有三種選擇：

1.開艦艇來：太慢！

2.開飛機來：手續繁！

3.放飛彈來：最快！最利落！

而飛彈更符合：「兩者之間，以直線為最短」的原理，飛彈又可以從各個基地，用「直線」「交叉」切入，對臺灣早已瞄準好的「定點」！

——如果眞的如此，嗚呼！我們小老百姓又要遭殃了！

本文在遠望月刊發表　筆名雲飛揚

臺灣的命運中國人民決定

——評「李總統」接受紐約時報專訪

恕我在文內仍稱呼您爲李老師，因爲不管如何，我們都是來自教育界。我想：等時過景遷後你一定會覺得：做一名普普通通的教師，比做「總統」來得愜意快樂得多，所以，你被挑選當這個撈什子「總統」，乃是一種錯誤的決定。

現在我來說說你八月卅一日，接受美國紐約時報訪問時的談話。您說：

——「臺灣的命運，由臺灣人決定」。這句話我認爲一半是對的；一半是錯了。如果說成：

——「臺灣的命運，由全中國人民來決定」，就可以得到滿分了。您想想：

——臺灣只是中國一個省，面積只有六萬三千平方公里；人口只有二千一百多萬；中國全國有三十五個行省和兩個地方；面積有一千一百四十四萬餘平方公里；人口十三億——像「獨立與統一」這樣天下的事，怎能夠由一個省，只有二千一百多萬人，就能決定呢！

所以，您應該說：

——「臺灣的命運，要由全中國人民來決定」，才是正確。

由於臺灣省，是中國孤懸在大海的中的孤島，過去也許是由於交通不便，電訊又不發達，政令的推行困難，對島上居民，實在也是照顧不週，而且在清朝時代，還有眼光短淺，識見鄙陋之徒，議論紛紛的說：

——「此一塊荒地，無用之地去之可以也」！

——「得其地不足以耕，得其人不足以臣」！

——「海處丸泥，不足爲中國加廣；裸體文身之番，不足與共守；日費天府金錢於無益，不若徒其人，而空其地」……

不是福建提督（軍區海軍司令官）靖海將軍侯施琅力爭：「臺灣地位重要」，曾親自來臺巡視，才知「山川秀美，土地膏腴」，清康熙皇帝才於一六八四年三月六日決定列入中國版圖。

這是第一次：

——「臺灣命運，由中國人民自己決定」。

然而，在此之前，我們知道：

——西班牙人占據過臺灣，殺戮居民，燒我房屋，佔我土地——基隆、淡水、宜蘭……並在現在的和平島建港，名曰：聖薩爾瓦多（San Domingo）

——臺命運，由臺灣人民決定了嗎？

西班牙被荷蘭趕走了。

——荷蘭占據臺灣，首先把基隆金包里村莊，全部燒毀，並將西班牙人築的城堡及臺灣居民的房舍，全部用砲擊毀；因爲他們有大砲，鎮壓居民，強迫和他們經商，搜括各種貨物，不從即予殘酷屠殺！

——臺灣命運，由臺灣人民決定了嗎？

荷蘭人占據臺灣三十六年後，才被鄭成功趕走了！鄭成功向荷蘭說：「此地非爾所有，乃前太師練兵之所。今藩主（指成功）前來，是復其故土。此處離爾國遙遠，安能久乎？藩主動柔遠之念，不忍加害，開爾一面，凡倉庫不許擅用，其餘爾等珍寶珠銀私蓄，悉聽載歸。如若執迷不悟，明日環山海，悉用油薪磺柴，積累齊攻；船毀城破，悔之莫及」！

於是，荷蘭人投降、撤退、還地……

這是第二次：

——臺灣命運，由中國人民自己決定。

——鄭成功占據臺灣廿二年，到了其孫鄭克塽繼位，因連年征戰，而清廷又實行海禁，封鎖了臺灣的經濟，島民生活困難官兵時生叛亂，等清將施琅發兵攻占澎湖後，鄭克塽的岳父馮錫范，召集文武官員開會；這時從澎湖戰敗逃歸的劉國軒說：「衆志瓜解，守亦實難，不如舉全地版圖以降，量清朝恩寬，必允赦宥」。

就這樣，鄭克塽就決定投降清朝了。

——臺灣命運，由臺灣人民決定了嗎？

於是，清廷福建提督靖海將軍施琅，從澎湖揚帆飛渡來臺受降。明鄭文武官員皆削髮、施琅逐一點名，分發袍、帽、外套和靴……四境百姓聞訊，單食壺漿，接鍾而至；施琅亦給與獎賞，衆皆欣然而回，全臺歸清廷統治了。

——這是「臺灣命運，由臺灣人民自己決定的」。

及至一八九四年八月一日中日甲午戰爭開始，至戰敗，一八九五年清廷派李鴻章，跟日本議和，在日本的馬關春帆樓簽訂馬關條約——議定割讓臺灣、澎湖……，日本人爲了強迫李鴻章簽字，還公然向李鴻章開了一槍，李鴻章滿臉流血裹著紗布，在條約上簽字的！那句：「宰相有權能割地，孤臣無法可回天」道盡臺民的血淚！

——臺灣命運，由臺灣人民決定的嗎？

日本強佔臺灣後，雖有忠貞英勇的百姓，群起反抗，但那裡是兇殘沒有人性的日本的對手？

——經三角湧（今之三峽）大屠殺——一日之內客家人被殺死九五〇多人。

——經西螺大屠殺：當時西螺大街、土庫……人殺光村莊街道被夷爲平地。

——經臺商大屠殺：是乃木西宣布爲：「夷繞作戰」；「無差別殺戮」。許多村莊不分男女全遭殺害。

——經雲林大屠殺：日本斗六廳說：「雲林管下無良民」又展開屠殺，斗六街三百九十六戶，附近五十五個村莊三千八百九十九戶，無一人生還，村莊被燒成灰燼。

兒玉源太郎任臺灣總督，又提出：招降、討伐三階段大屠殺，這期間被殺害的忠貞義民更是無數計了。

臺灣被日本統治了五十年，被殺害六十多萬人。

——臺灣命運，由臺灣人民決定的嗎？

到了一九三七年七月七日，日本人又藉口在宛平縣說是一名士兵失蹤事件，開起了中國對日八年抗戰的序幕。這辛酸、艱難的八年啊！中國人受盡了苦難；受盡折磨、流汗、流血、犧牲生命。多少人家破人亡；多少人流離失所；未死的被姦淫、被奴掠……田園荒蕪、房舍成廢墟……這一切的災難……終因兇殘的日本鬼的敗亡天譴而結束了——。

——八年抗戰，中國勝利了！

——臺灣的命運，才眞正由臺灣人民決定了——決定回歸祖國懷抱。臺灣恢復爲中國的一個行省。

李老師：今天臺灣和大陸，乃是因爲國民黨和共產黨的胡鬧，分隔了五〇年，這是歷史的悲劇，這種人爲的傷痕，應該由您及對岸的江先生，來設法撫平。我們翹首祈盼

——您們兩位的這種大智大仁大勇的作爲，發揮至最高境界——中國兩岸和平統一，則是臺灣幸甚中國之福了。

李老師：我自凌晨奮筆疾書至此——現已天亮了！我也已眼淚汪汪了，因爲，臺灣的悲情，中國人民的苦難，是說不盡的……。

但是，我很欣慰，這次你講了一句重要的話：是您在說完：「臺灣命運，由臺灣人民決定」之後，你又繼續地強調了：

——臺灣的命運，我們要跳脫三強（中共、美國、日本）的格局。

是的，臺灣的命運，是要由我們全中國人民自己來決定，假如狡詐的美國人和醜陋的日本人，滲入在裡面，是會像原來的一碗清水，將被他們搞得更混濁了！

您說的！我們不能接受，我們要「跳脫」出來。我在本年七月七日的世界論壇報，就寫過一篇文章：「請問：從北京到台北要怎樣走⁉」我反對「從北京到台北，要繞道美國華盛頓！」你現在也這樣認爲了。

臺灣問題，是中國人自己的事情，應由中國人自己來解決，我們要走大路，走光明正直的路。

李老師你說的：「臺灣問題，不會和華盛盛ＤＣ（特區）來解決」。這是絕對正確的，希望你堅持。

我也重複一句：

——「臺灣的命運，應由我們中國人民自己來決定」。讓我們大家有這個堅持。

一九九八年九月九日凌晨蓮花廳

新十思疏

……禹疏九河湯受業，秦併六國漢登基；
為人縱有千條計，祇怕蒼天不順機。……

三國演義開頭就說：「天下大勢，分久必合，合久必分」。這種政治生態的理念，也許是以往中華民族諸朝代帝王和臣民，對一國或一地區，行政區劃、統轄與管理的一種想法和作法。不過，在歷經許多世紀之後，一種尋求國家長治久安的整體觀念與理想，也逐漸形成新的時代思潮和趨勢了。所以追求統一和團結的中國，已經不僅是時代思潮與趨勢，更是每一個中國人的志業。基於此種理想與渴望凝聚而成的力量，是任何人也無法阻擋的，眼見香港、澳門次第就將收回……而總統您卻仍在千方百計——閃躲、逃避，並陰謀拉攏外國勢力，抗拒民族統一大業，而欲將臺灣置於中國之外，我愚昧亦知其不可為，何況聰明如總統先生爾？據了解總統曾任職教育界，而筆者亦係學校退休之教師，今基於此一淵源，將陳諫十思如左：

一、中國一定要統一！

我曾經聽您說：中國只有一個；中國一定要統一；但是您明裡暗裡，卻唆使一些自己沒有主張，而又貪婪名利的官僚，想盡一切方法，要加入聯合國，並且說：花十億新台幣也在所不惜。可是您知道：現今的中共是中國的唯一合法代表呀！如果您的能耐，眞的率領我們臺灣省二千三百萬同胞——闖進去了！不就成了——另一個中國嗎？或者說：兩個中國了！行嗎？能嗎？

二、一國兩制不好嗎？

什麼是一國兩制？簡單說：你大陸中共，搞你的共產主義；我臺灣仍實行資本主義。依你平常給我們的界定，就是：共產社會——專制獨裁；不平等不自由；而你推行的資本主義社會，則既民主法治；又自由平等。

如此說來，兩種制度的好和壞，不是很清楚了嗎？而人家大陸的領導人也說：兩岸統一後，臺灣仍保持現有的一切制度，甚至軍隊也不派一個來；如此不是很好？但是，您卻硬是拒絕。一國兩制你不要，難道你要一國一制？一國一制就是全面實行共產主義了！肯嗎？莫吧！

三、何謂：「對等」？

你說：你贊成一個中國。但是你又要求——兩個政治實體；對等談判；是你不好意思說：國與國、中央與中央；故意說成：「實體」、「對等」是嗎？

何謂「對等」？比如說事物的大小、高低、輕重、多少等。大陸有三十幾省市；面積有一千萬多平方公里；人口有十三億。而臺灣只是一個小島（中國一個省）勉勉強強分成二十一個縣市；面積只有三萬六千平方公里；人口約二千二百萬；總統先生這樣的情況，如何「對等」法？能嗎？行嗎？

四、請別說臺灣軍力強大！

維持兩岸關係；你說：憑臺灣的強大軍力。不錯，這是正常的戰爭情況下說的；但是放在臺灣和大陸的比較下，就不正確了。不要說人家擁有核子武器、洲際飛彈；就是連普通傳統的戰略砲兵，他們都是以師團爲單位，只要砲兵指揮官——一聲：「齊放」！各種砲彈，一定像雨點一樣，從高雄落到花蓮的每一寸土地上。而臺灣的這點兵力——什麼傘兵群、砲兵群……預備師……戰鬥群什麼的；還有一一五榴一五五加農；這些有的過時，有的還被老美鋸短了一公尺，因爲製造年代久遠，零件補給不易，彈藥潮濕發霉……唉！戰爭一旦爆發，能不能開動，能不能射出去，還是問題呢!?

這裡且不說中共飛機、潛艇、火箭、戰車，動輒千計，最重要的打仗是要拼命的，第一波就把全部軍隊擺上戰線上，設若傷亡過半，後繼的兵員那裡來，難道把留在家裡的老爺爺、老奶奶都拖上去？軍力的強不強？眞的靠實力，不是憑總統先生，手握拳頭說了兩句大話就行的！對嗎？是嗎？

五、別說揀他們不喜歡的去做？

臺灣的安危，端的是要靠看兩岸的關係如何發展，搞得好大家和平安寧過日子；弄僵了你想坐在總統府內，過舒舒服服的帝王生活太難了！

別那麼死心眼說：對岸的人不喜歡聽，我偏要說；不喜歡我去做，我偏要做，坐在深宮大院耍性格，說大話，沒有用的，臺灣有多少本錢，你應該最清楚；說眞的，我們鬥不贏人家的！你自己的安危固然可以不計，臺灣二千二百萬同胞的安危，你不能送給別人作賭注——別上美國人和日本人的大當，人家要你說什麼、做什麼，你眞的唯命是從，那臺灣的確會陷入萬劫不復之境的！肯嗎，莫嗎！

六、務實一點趕快三通

千言萬語，不要再搞「走出去」啦，沒有用的，花冤枉錢——幫人家發薪餉、修機場、築高速路、建電廠……何必呢！讓人家當凱子來釣！說到凱子，我又要提醒您總統先生：千萬別再說中共的外官是吊凱子的，說了人家也不會相信，人家地廣人多，物產豐富，有核子武器……又是聯合國的常任理事，人家才不會花錢，釣這種巴掌大的小國呢？我建議您：有錢還是花在建設臺灣，解決自己的問題來得實際一些。現在南非又要和中共建交了，下一個就是巴拿馬了，巴拿馬在香港有領事館的，對他們太重要了！這兩個較大的國家丟了，其餘的幾個黑小鬼就不成氣候了，全部的人口加起來，也許只有臺灣一省那麼多，聲音太小，在聯合國起不了作用的，爲今之計，就是趕緊三通和大陸連繫起來，即使你不想談統一，先做了生意再說，先求生存，再求發展，才是上策。是嗎？對嗎！

七、香港的關係要弄好

還有六個月不到，香港就要回歸中國，下一個就是澳門和臺灣了，你當然是不願意聽到我這樣說，但是這是大勢所趨，所謂：「形勢比人強」，沒有人可以攔阻的，臺灣和大陸的統一，至多祇是時間的長短問題，千萬不要痴心夢想有人來幫你，我可以明白的說：日本人不敢；美國人更是不願意與世界第二軍事超強「惡鬥」，來淌這一塘渾水的！眞的，如果戰爭果眞發生，他們不知道閃躲到那裡去了，才沒有人來管你呢!?不信且看去年三月「海峽飛彈」事件吧！美國人才說：「航空母艦要通過臺灣海峽……」那邊中共，還只有一位少將說了句：「膽敢通過臺灣海峽，一定將它打個稀爛……」結果怎樣，美國的軍艦，乖乖的聽話，躲閃到離海峽二百浬以外去了！這不是一個活生生的例子!?

趁香港沒有回歸之前，把關係建立好，先把三通就雙方有利的條件談好；三通了好說話，不要等到中共心一橫：「不通也得通」的時候，就知道被人家逼著去做的痛苦了，敬酒不吃吃罰酒，何苦乃爾!?不吧！莫吧！

八、進聯合國就有尊嚴嗎？

你總是說要有活動空間，要有尊嚴的話，爲什麼不去想一想，聯合國不過成立五十多年，我們中華民族在這個世界生存了五六千年，從沒有覺得空間狹小，而臺灣不也二十多年來，沒有在聯合國裡面，不是也過得挺好的嗎？經濟也繁榮了，生活也富裕了，教育也普及了，社會也挺安寧的；如果不是你一時興起，或者有人聳恿你：要擴展生活空間；要走出去，才引起對岸的胡疑猜忌，結果弄得可怕的飛彈，丟到咱們門口來了，社會不安人心才惶惶起來!?你明明知道，不喊還好，你一嚷嚷空間反而越來越小了！樹大招風這句話，你總該聽過的！

看看你的外交部長吧！這樣風塵僕僕，偷偷摸摸，跑東跑西，說是去辦理外交，乘著月黑風高，從人家的後院摸進去，再從側門溜出來，唉！這樣做還能說：要有尊嚴，眞是所有的字典之中都翻不到——這種解釋。是嗎？對嗎？

九、別再搞臺灣國際化

社會上流行一句話：中國沒有問題；臺灣也沒有問題；是你領導的國民黨內部有了問題，說來的確沒錯，許多的餿主意、爛點子，都是國民黨這個爛黨，先搞出來的！什麼臺灣本土化啦！臺灣國際化啦！聽來的確令人氣憤，我們中國有三十多省市，兩三千個縣市，你想如果群起效尤，你本土化，他本土化，那不是四分五裂，還像一個國家嗎？簡直荒唐透頂了。還有國際化，自己好端端的國土，是祖宗開拓的疆土，是國人賴以生息的家園；爲什麼要國際化？眞是沒有良心的人說的話；簡單的說：搞本土化就是心存分裂思想，搞國際化，就是想把外國勢力引進來，藉外國的勢力，影響拖延中國的統一大業。這樣的想法和做法，眞是罪大惡極，是中華民族千古罪人。爭政權，爭金權，爭成這個樣子。難道眞要讓自己成爲國家的罪人!?肯嗎？莫吧！

十、廢省？不如廢中央！

「廢省不如廢中央」這是臺灣省長宋楚瑜說的，這一點我支持，因爲這呼籲是合理合情的。

中國經營臺灣在隋唐就已開始；至元明諸朝，更是史蹟斑斑。至清朝康熙（一六八四）三月六日正式納入中國版圖，而於光緒十一年（一八八五）九月五日調福建巡撫劉銘傳爲臺灣巡撫（即省長）九月十三日奏准設臺灣爲行省，是有歷史根據的。

而臺灣的「中央政府」正有如李敖先生說的：是僞政權了，因爲它實際上是不存在的；一九四九年三月中華民國政府的總統蔣中正，已引退辭職回到奉化去了，而代理總統的李宗仁，卻抱著「中華民國的玉璽」，飛到美國去了！所以中央政府也就不存在了。稍後不久，蔣中正來至了臺灣，他召集昔日的僚屬，在當時名爲草山——今日的陽明山，公開向他的聽衆宣布：「中華民國已隨著大陸的淪陷而滅亡了」。時在一九五〇年一月十三日。而在此之前的一九四九年十月一日，中華人民共和國就在大陸的北京成立了。並且也宣稱：他繼承了中國的所有主權。所以，嚴格地說來，臺灣的「中華民國中央政府」，實際上是沒有的，不存在的。

職是之故，筆者以爲，總統先生你所領導的國民黨，如果立意要廢掉臺灣省的——這個歷史有案的，這個「省級機構」，還不如先廢掉——已經銷案的，這個「中央機構」來得正當，也才是正本清源的方法。我再說一遍，如果要廢掉一些——重疊架屋多餘的政府機構，應該先把「中央」廢掉，留下「省府」才算合理！因爲它是一個有歷史憑藉的機構。

——「嗨，臺灣省」！這名稱我們國人，已呼叫它一兩百多年了！您忍心把它廢掉!?能嗎？肯嗎？莫吧！不吧！

一九九七年元月元旦　蓮花廳

世界論壇報九十七年一月五、六兩日發表

國是評論三月號44期轉載

廢省難道不是搞臺獨？

全世界的人都知道：「中國只有一個，臺灣是中國的一部份」。但是，你卻要在「臺灣一個地區」關起門來召開——「國家」發展會議。請問：「中國有三十五個省市，以及蒙古和西藏兩個地方……」，這是國民黨沒有被共產黨趕出大陸之前，國民政府的宣示和所有的教科書上，都是這樣說的；是不能否認的！而臺灣省是這三十五個省中之一，現在既然是要在臺灣開「國家」發展會，爲什麼不通知其他各省，以及其所有各黨派人士，都來參加共襄盛舉？讓他們也能對國家的發展，提出一些意見，不是很好!?

不過，吾不能已於言者，「國家發展會議」，理應由中央來召開，你臺灣一省來開：「國家發展會議」，而且討論的議題，又是如此——驚人與廣泛，連一個省都可以說「廢掉」——還說：你不是搞臺獨！

臺灣建省，是在清光緒十一年（公元一八八五年）九月十三十，至今已有一百一十多來了。中國國民黨的國民政府，派任和民選省長也有八九們了！尤其近些年米，在大陸的中華人民共和國成立之後，與世界任何一個國家交往，都一再聲明：中國只有一個，臺灣是中國的一個「省」，如今，你口口聲聲而且說到做到，要把這個「省」廢掉，你不是故意衝著中國行政建制來的嗎？不等於如說：「好！你說：臺灣是中國的一個『省』，我就乾脆把它『廢掉』！」這不是單純的衝著中共，實際上就是企圖，割斷臺灣與大陸的臍帶關係，要連根拔起，如果成功了，就正合了民進黨臺獨分子說的：中國是中國；臺灣是臺灣了；這樣明目張膽蠻幹——還說：你不是搞臺獨！

你口口聲聲的叫喊：臺灣是一個主權獨立的國家，還強調：不屬於中國……你想想看；臺灣省既不屬於中國，那該屬於誰呢!?前面說過，臺灣建省是在清朝光緒十一年就已欽定，而且各國也承認了！一百多年都過去了，而且你自己——我彷彿記得，你還擔任過——它——臺灣省的省主席啊！怎麼可以這樣說呢!?我原諒你；因我們都是教書人出身的，教書的人，在教室內面對學生，有時候口若懸河，上下古今蓋了下來，是會說溜了嘴的！一時的失言，算不了什麼！但是，你在訪問新加坡時對李光耀總理，卻也公然的說：「現在或者不久以後，臺灣要屬於中國，是我最不願意做的事」。在這種官式場合，對一個外國領袖人物，都能毫不隱瞞的說出來，——還說：你不是搞臺獨！

兩岸爲了往來方便，雙方各自成立——航運中心，是很順理成章而又自然的事，但你卻又在名稱上動手腳，硬在「航運中心」冠上——「境外」二字，唉！難怪監察院長王作榮先生要感嘆地說：有些人中國書沒有讀通；外國書也沒有讀好。兩岸航運，硬說成：「境外」。是不懂還是故意找碴？試問：基隆至馬尾；福州至台中；高雄至廈門……

…是「境外」航行嗎？把國內硬要說是「境外」——還說：你不是搞臺獨！

一位朋友的父親在大陸經商，前幾天從郵局寄出一封信，清清楚楚寫明是寄到——江西省蓮花縣，但是因爲信件超重了，被退了回來，你不說：「欠資補費重寄」；卻硬是貼上標籤：「未按國際郵資付費——補足重寄。」

請問：從臺灣省寄到江西省去的信，是「國際郵件」嗎？如果是：那江西省是屬於那一國？而臺灣省又是屬於那一國呢？如果不是有人偷偷的，把江西省賣掉了，那我可以肯定——江西省是中國的沒有錯，因爲筆者上個月還曾經到過那裡，並在江西省南昌的一個大學講過課和許多學生吃過飯呢？顯然校門口還升著五星旗的，沒有任何改變；難道臺灣有人偷偷地改變了，賣掉了！如果，也沒明；爲什麼你把臺灣寄去大陸江西省的信件，要按——「國際郵資付費」才替人送去呢!?——還說：你不是搞臺獨！

最後，我要強調一次：

臺灣是中國一個省，絕對錯不了！根據：清康熙二十二年（一六八四）三月六日，就已昭告天下，臺灣已納入中國版圖，並在當年的五月廿七日，將全省區劃爲：一府三縣。一付爲：臺灣府（原承天府隸屬於福建省）。三縣爲：諸羅縣（原天興州）臺灣縣和鳳山縣（均原萬年州），光緒十一年（一八八五）九月五日，調福建省巡撫劉銘傳，爲臺灣省巡撫（即省長）。迨至，卻年由全省同胞選出來的「民選省長」宋楚瑜。如果從光復以來算起，共有八九位之多。不過，現在因爲「國發會」決定「廢省」，宋楚瑜已經變成：「請辭待命」的末代臺灣省長了。

一九九七年元月廿三日蓮花廳

刊世界論壇報

泛論國民義務教育改進問題

壹、引　言

我是讀大衆傳播，現在來談教育，似有外行人，說內行話之嫌，不過，我以磨了十幾年粉筆的經驗，再套一句「在教言教」，基於這一點的淵源，談一些浮淺的問題，但願不會離題太遠，就好了。

前些日子，我在基隆中正國中「命案」一文中，曾概略地，提出了一些改進的意見，但有欠具體，我覺得有再談談的必要，由於十餘年來，親身經歷其中，總覺得國教本身問題，實在太多，而且，又非常複雜，牽涉太廣，眞有經緯萬端，不知從何說起之感，職是之故，所以，所談的，想必也是膚淺芻蕘之見，野人獻曝、拋磚引玉，是所至望。

貳、普通國中、技能國中雙軌進行

今天的臺灣，由於經濟繁榮，生活安定，教育本來就已特別普及，近年由於實施九年國民義務教育，更形成了一股異常膨脹的現象，由於人數太多，政府負擔太重，師資缺乏，設備簡陋，人數幾至無法容納，由於學生，不須經過考試而入學，品性良莠不齊，學業程度懸殊，這種複雜的情況，首先帶給學校，管理上的極端困難，由於管理問題太多，繼接而來的，使學校無法推行正常的教學。因爲，這些突然擴充而來的學生當中，有的，無論他的家庭和自己，原本就不擬繼續升學，他們背了書包，到學校來，祇是單純的，爲了履行他們「國民的義務」，他們說：管區的警察來「逼」，里長先生來「請」，言下之意，大有「情非得已也」之概，由於他們意不在此，要他們如何安下心來！於是學校當局，要想管好也不行，要想教好，也無從下手，眞有左右爲難之勢。

基於此，我們覺得要使國中教育，能在正常的情形之下，順利進行，求發展，求進步，收到實際效果，必要作合理的分題、分科，各別設立各種學校，分開施教，分途並進，現有的一些管理上及教學上的困難，才可以澈底解決，更可以因應目前的實際環境與需要。

至於如何分析、分類，我們建議，把現有的國中容量縮小，每鄉每鎭設立「普通國中」與「技能國中」，雙軌進行，分別設立的這種學校，分別依其志願招收適齡的國小畢業生入學就讀。

學生入校就讀時，應先作家庭調查（由國小辦理），在入學前，應作嚴格的入學考試，以決定一個學生，應該進入那一類學校就讀，較爲適宜，以適應各自的天賦，發展各自的才能，然後，才能適應社會的需要。

我們所說的「普通國中」和「技能國中」，前者準備升學的學生就讀，後者則爲決定就業的學生，作爲學習一技之長的場所。

國中實行・分科分類

「普通國中」教授一般課程，「技能國中」則偏重於專業技能的訓練與傳授，所以它儘可能包括：各行各業、各型各類，各種性質，諸如：駕車、修車、電器、縫紉、刺繡、雕刻、編織，甚至理髮、廚師其他等等，把他們分別編入，自己所喜愛（興趣）的學校科系，修業期間，一年、兩年、三年，視情形需要而決定，這樣的分途並進，在管理與教學上，不僅減少了許多困難，更可以適應目前社會的實際情況，而且，容易收到教育的良好效果。

叁、國教教師應聘僱制為派任制

其次，我們也要來談談，國教的教師的來源問題，現行的各中等學校之教師，由各中學校長，自由聘請，這一制度，行之已久，它原來的立意，固然有一種「禮士尊賢」之意，但日久「頑」生，一些制度，常初制訂時，也許意美法良，但時代不同了，性質也許就跟著變了！因此，我們深深覺得這種「禮聘」制度，實有更張的必要。否則，徒具有「良法美意」的形式虛文，不僅與原案立意，大相違背，而且—演變到了，使少數校長，無法保持「操守清廉」的嚴重程度，因此種「禮聘」制度，一校之長手操「聘與不聘」的神聖自由的權利，由於這一「權利」，在原則上有其「神聖」和「自由」的尊嚴性質，故有些不能把持這種「尊嚴性」的少數校長，就難免受到「銀彈的攻勢」和「人情包的圍」，於是，不幸這種「禮聘」制度的內容變質了，神聖與尊嚴性降低了！用這種「人情包圍，銀彈攻勢」，而獲取「禮聘」，在大都市的學校，表現得更爲具體與露骨，其花樣與手段，說開了實在使人毛骨悚然，如此「禮聘」，對教育尊嚴與神聖，該有多少諷刺？多少侮辱？「禮聘爲何？買而已矣！」因此，這種制度的存廢問題，實在有其考慮的必要。代之以全面的考試，「開科取士」，然後由政府作有計劃性的調配與分發，對教育，將是一大革新。因此，我們認爲，政府既然每年都有舉辦教師檢定考試，我們覺得，不妨把這種考試，加以擴大，全省各中、小學校，所需教師，都改爲招考方式，規定資格，及考試科目，舉行全面考試，以全省各中、小學校，各科各類所需要之人數，在參加考試之人員中，擇優錄取，然後加以短期訓練，然後再根據其成績，或志願，實行統一分發，到各學校去擔任教師，這樣做比現行的「禮聘」制度，好得多了！同時，可以收到網羅有志於教育的才俊之士，到學校來，培育國家民族的下一代，更可以杜絕少數操守欠佳的校長，把「禮聘」教員，作爲謀利的勾當，這也是革新教育風氣的根本辦法之一。因爲一個老師，花錢「買」到了一個教員，校長要約束他，就很難了，事實，這些校長，要在教師面前，挺起胸脯，伸長脖子也難了。

肆、建教合作與就業

現在，我們再回頭來提出另一個最煩人的事，就是國中畢業學生的就業問題，第一屆國中畢業生離校，也已經快半年了，據我們了解，輔導就業的工作，其成效似也不如理想，因為，工資太低，就業的學生不多，而且祇偏重於一些單純的作業工人，缺乏長遠性的技術傳授與發展，故女生就業尚較容易，而男生，幾乎很難找到就業的機會，推其原因，第一、國中教育，尚沒有擺脫升學主義，故一般課程的教學，仍偏重國文、英文、數學等等學科，職業、技術性的課程，祇是形式上的教學，因此，畢業的學生，缺乏專長的訓練，無一技之長，畢業後，無法適應工作上的需要，因此，國中的教育制度，不能澈底改進，一切美好的構想，均難實現。「畢業即就業」亦將永遠成為空言。

建教合作·有待加強

第二、參加就業的學生，所獲得之「業」祇是單純的作工，缺乏長遠技能的傳授與訓練，因此，就業的學生，覺得毫無前途與發展的希望，男女學生，均裹足不前，原來徘徊在升學、就業之間的同學，看了這種情形，又不得不趕緊回頭，死勁的向升學的窄門擠了。

我們知道政府對輔導國中志願就業的學生，是積極而又熱心的，但是，根本的問題

——把國中分成兩大類「普通國中」和「技能國中」——不能解決，三年之後，又將走上一條老路，形成一種惡性循環，就業與升學的問題，就更嚴重了。

至於，現在最時麾的「建教合作」，在本質上這是一個很完美的構想，但這種構想，至目前爲止，除了少數的學校已經做到外，大多數的確還停留在「構想」的階段，有其名而無其實，雖然有了一個粗具規模的工廠，但能實際操作練習的，也不太多，有些學校，的確和一些頗具大規模的大公司合作了，但白天八小時以上的疲勞工作，晚上草草地上四節課，而學生們白天的作業與晚上的課業，根本不發生關連，機械而單純，作一樣工作（某種機件的一部份），談不上技術，更談不上畢業後，憑此種「技術」謀生了，因爲學生們在工廠內，所學祇是單純的，沒有連鎖的，更缺乏獨立性的技能，離開了工業，就等於永遠離開了工作，因此說開了，不是什麼「建教合作」祇是榨取年輕學生們的賤價勞力而已，於是，我們覺得像這樣的「建教合作」，如不作合理、合情的改進，使學生們能在三年（高中、國中包括在內）之中，如像我國沿用已久的「學徒制度」一樣，有系統的、專門性的、一貫性的，專業技術的傳授，使每一個學生，都能獲得一技之長，走出學校，步入社會，以之謀生，以之活口，以之養家之技能，這樣的「建教合作」，那末不合也罷。

伍、結　論

政府實施九年國民業務教育，其主旨當然是在希望普遍提高國民的智識水準，用意是至善至美的，但如果單純地只注意民知提高的理想，而忽略了教育內容的實行效果，這對我們今後經濟的繁榮，工業的發展，是不無影響的。

一九七一年十月廿九日自立晚報專欄
一九七二年八月一日臺北教與學月刊五卷六期轉載
國立中央圖書館參考資料編號一三七五號
國立政治大學六十年論文資料編號五七六八九二號
國立師範大學六十年教育論文資料存檔

論國文程度低落的原因與補救的方法

近年來，關心教育的人士，都喟嘆：今天一般學生國文程度，日漸低落，尤其，在每年大、中聯考之後，這種「喟嘆」，特別來得尖銳，於是，謀求設法提高國文程度之呼聲，更是彼起此應，衆口一詞了。因此，那些負責擔任國文教學的朋友們，其內心的感慨與情感的負荷，是不言而喻的。

論者以爲：造成學生國文程度日見低落的原因，乃爲教師素質之不良，師資缺乏、及受制於其他客觀環境，其實，這不是適當的答案。

依我們的看法，就課本（部定教材）方面言：導致國文程度低落的原因有四：

(1)內容偏重於歷史、哲理、典章、頌贊、道德諸項目之灌輸，格調過於刻板、單調、枯燥而又乏味，不能引起學生之興趣。阻礙了學生的進步。

(2)編選的文章之中，一般宣傳性的文字太多，而此種文章，所討論的問題又大而且廣，學生由於年紀尚輕，理解力不夠，往往不能接受，於是虛僞敷衍，久之，乃生頑厭忽視之心。

(3)取材太深奧，難與國小、初中畢業學生的實際程度，以及實際的環境生活相銜接，而且缺乏生活上的趣味的啓發，文章內容，缺乏風趣與幽默感，引不起學生們唱、讀、背、誦的興趣。因此無法記憶，進而無法運用。

(4)受了「崇洋」心理的作祟，大部份學生（尤其小學生），一進中學，許多新的科目使他好奇，尤其英文讀起來，既新鮮又時髦，讀好了之後又有出路，學生的心理如此，家長們的心理也如此，社會的風氣更如此，學生學習國文的態度，焉得不消極起來!?受了這種心理的影響，對國文學習的態度，就祇有應付了！或者說：聊備一格而已。

其次，我們還要提到另外兩件事，也是直接與國文程度低落，或多或少有關的因素：

第一：國文教員負擔過重。通常一個專任國文教員，必須擔任兩班國文，每週爲十二小時，另搭配史、地或公民一類的科目每週共八小時不等，如此一位國文教員，每週上課時數，至少廿節以上。現在各學校的班級人數，一般都是五十五人至六十人；單就他每週批改的作文的數量，將近要一百篇以上，因爲許多學校硬性規定，每學期作十二篇（實際教學不到十八週），每篇如以三—五百字來計算，這數字已夠驚人了！其他還有大小字，作業筆記等，其辛勞與艱苦，雖非身歷其境的人，亦不難體會得到的；更何況每天講解課文，又是這樣吃力!?長年累月，負荷太重，精力不夠，敷衍塞責，在所難免，影響學生的成效，當然也是有的。所以教育有關當局，要明訂國文教員，每週應授多少小時，以減輕他們的負擔，使他們有剩餘的精力，來指導學生。

其次，當爲升學主義。爲了升學，造成學校與學校之間，班級與班級之間，盲目地競爭，加重了學生在經濟、精神上的雙重負擔，上正課之不暇，尚須參加「惡性補習」，使學生疲於奔命，沒有半點空閒（而補習的科目大都是英文、數學，直接又侵佔了溫習國文的時間），去擴大學生閱讀的範圍，及擴大生活的領域，以吸收教科書以外的知識；時下的一般學校，爲了要求學生，有更好的成績，任何課外書籍，都在禁閱之列，讓學生自由地開拓自己的興趣與嗜好，發展自己的特長與天賦，更是談何容易!?

現在，實行九年國教，已三年多了，按理一切均應日就軌道才是；但是，由於「升學主義」，牢牢地扣住了，每一個青年學生及學校當局——恕我說一句：今天是國文程度日漸低落；再過幾年，連一個音樂、美術、工藝、體育、勞作的人才，也找不到了！君不見現在各學校都聘不到音樂、美術、工藝、體育、勞作這一類專門老師嗎？何以故？小學、中學，對這些課程，都是形式上的教學，或者說：形式上的排列——小學五、六年級、中學二、三年級，就把這些「副科」改作其他科目教學了。爲使教育平衡發展，這不能不注意了。

至於，如何提高學生國文程度的問題，大致說來有二：

一、教材應力求淺鮮簡明，由淺而深，由簡入繁，循序漸進；國文課本的內容，尤其要注意挑選一些與現實生活相關的文章，有具體的故事，能引人入勝，發人深省，啓人幽思，引起興趣，如能具備幽默、風趣、寓意深遠，而又文筆暢達，淺近易讀的文字更佳。照這樣去編輯課本，教師們根據這種教本去教學、去傳授，一定能啓導學生的學習興趣，收事半功倍之效！

二、學生課外正當讀物之供應必須加強，由於今天各個學校，學生課業的繁重，幾乎無法與教科書以外的書本接觸，致無法涉獵更多能幫助國文程度提高的知識，因此，希望培養學生對文學欣賞的能力，進而創作優美的文學，那實在是一種夢想。如果教本內容還不能徹底革新，我們可以打賭，這是永遠無法實現的。

基於上列的原因，我們認爲：對一個高、初中的青年學生來說，國文教學的目的，原祇是要求其能說得出來、聽得清楚、看得明白，寫得通順爲已足；然而，此種最低的目標能否獲得，固然有賴各國文教師之努力，然教材內容之修訂，實屬此一問題最重要的關鍵之一者。更因此，我們還要特別強調，高、初中國文（尤其初中國文），應以純文學（藝）爲原則，廣加搜羅，各樣類型，各種風格，各名家、各學派（破除門戶之見，人情包圍，面子問題；文章不分古今，作者不論新老）的好文章和詩歌，予以編輯成冊，予以傳授教學。

選編的文章，文字必須優美、風趣、生動、高雅，能引人入勝，並富啓發作用，故文章的本身，更須具備高度的趣味與新奇的內容，以誘導學生的閱讀興趣，意境清明，文字淺鮮，而篇幅又不太長，適合一個至兩個小時授畢，且以適於朗讀和背誦者爲上。

選編的文章，更須顧及學生們的智力，學生之生活情趣。例如：抒情文情詞懇摯，最能引起學生之共鳴，較之其他文體容易吸收；一般記述文和應用文，作法簡明，用筆平實，初學的人容易瞭解，容易摹仿練習，對學生習作幫助很大，宜多選入，實際效用也廣。至於說理的文章，就要儘量避免艱深玄奧，抽象而不具體的作品。總之，能提高學生閱讀興趣，培養其欣賞能力，期其潛移默化，融滙貫通。體會文章的精神及寫作的技巧，進而能自行創作，則教學的功能盡矣！吾人的希望與構想達矣！

基於上列原因，我們有理由要求，一些枯燥乏味的「文件、公牘」，千萬避免編選，因此種文字，對學生的學習意識、生活環境、及心理情感，均缺乏直接的感受與關聯，故無法與其實際生活相互配合，即使強迫他們閱讀，不僅味同嚼臘，亦且木然無動於衷，教學等於白費。固然，教育不能脫離現實，當前「國策之宣揚，政令之宏達，」實也無法避免，但要作到不照抄「原文」，死背法條，要以生動鮮活的文筆，將文件予以文藝化，加以改寫，則學生容易接受。不過，此種文字，如能盡量放在公民、社會學科之中，倒能使國文的內容更單純而生動；而公民、社會學科的內容亦將更見充實豐富，實爲兩全其美之事。

最後，至於破除那份「崇洋」心理，就非教材所能爲力了，然而，對這種心理的形成，固然社會風氣有莫大的關係，然教材的本身也有重加檢討的地方。比如說：要描寫一個人「誠實」，就不應該引述華盛頓，我們中國不是一個講誠信最早，也最著名的國家嗎!?史書上講信用、講誠實的事和人，俯拾皆是，爲什麼硬要引一個洋人來作證呢!?

爲了說明「仁愛與犧牲」，硬要拉上南丁格爾，說她如何崇高、如何偉大，是同一道理；我們的醫護人員或其他各行各業的人，爲發揚仁愛而自我犧牲的，不也是太多太多了嗎？爲什麼硬要找一個英國人來捧上一場呢!?眞是自作多情的事!?如果書本上這樣寫，大人的口裡也是那樣說，小孩子怎能不說：「外國的月亮比中國的月亮大而且圓又亮呢!?」所以，我們認爲：教科書上，引證的事、物，除非不得已，宜儘量選用本國的事物爲例證，以免增加青少年人的媚外心理，以爲我們自己眞的什麼都不如人家，那末我們這一代人的罪孽就更深重難贖了！

一九七二年元月廿日寄於基隆

一九七二年二月號大學雜誌發表

後記：本文發表後，承邀參加大學雜誌編輯、作者、讀者會議，在隔了一段時間後，有督學孫德頌兄（校友），以柔性和溫婉的語言規戒不要再給「大學雜誌」寫稿，我明白孫兄是受了有關方面指示，而作規勸的，因筆者與孫既係校友又曾同事故也。由此可見當時控制之深且嚴矣！——因「大學雜誌」爲黨外人士出版者。特記之。

論教學觀摩應走的方向

一位中學教師，最近與人閒聊，他教學廿餘年，但參觀別人的教學，大概只有三兩次，不是他不長進，或自視太高，而是他對教學觀摩的實際價值與效果及作法，始終認爲有值得檢討和商榷之處。

參觀過教學觀摩的人，都心裏有數，現在，在各級學校裏，所舉辦的教學觀摩會，說開了只是一種表演而已，尤其各級學校，奉命舉辦的「教學觀摩」，表現得更爲具體；有些學校，爲了博取浮名，不惜耗費大量的人力物力，諸如：舉辦英語觀摩，則英語老師，必須參與各項設計準備工作，固然義不容辭；其他如工藝老師，請來負責設計教具；美術老師，幫忙繪製有關掛圖；音樂老師錄製音帶，以及書法好的老師，代寫圖表……凡能關涉到的科目老師，都會派上用場；爲了一二小時的觀摩教學，幾乎全校動員，達一兩個月之久，這不是一件勞民傷財的事情嗎？而效果又如何呢？幾乎是千篇一律的，只贏回來一句：「這次觀摩教學『表演』得不錯！」嗚呼！百年大計的教育，何等重要，竟然不重實際，只求形式舖張，而淪落到「表演」這種地步，誠乃遺憾之至。

教學觀摩之流於形式，由來已久，而且有愈演愈烈之勢，因爲我們這個社會，已趨向於奢侈、浮爛、虛僞、造假、凡事粉飾的地步，故也。教育在本質上，應負有引導時代，端正習俗，轉移風氣的責任，而今天時代風尚如斯，而教育的功能，所發出的力量，又不能力挽狂瀾，只好回轉頭來，跟著時代的流向，追求時髦。長此以往，寧非教育的不幸!?

職是之故，對於負責領導的基層工作者，我們不欲苛責，因爲他們也是唯命是從的人，爲了保職，明知不妥，仍得應付，期能獲得上一級主管的賞識，賜以較高的評價。所以，教學觀摩，演變成了今天這種情況，對最高層的教育主管，以及教育專家，學者們，我們實在是不能沒有微詞的！

他們負責設計各級學校的教學模式，也決定教學的內容，參觀過各種大小教學觀摩會，每次參觀到的實際內容如何？他們應該明白；而這些內容與作法，是否對教學實際有益，所表現的教學狀況，是否眞的能在今後的教學上，付諸實現？他們心裏也應該有數。一個學校，花在教學設計上，有多少經費？（包括教具儀器，實驗材料等）；一本課本，有多少課？一個學期有多少時間？一個老師有多少精力？應該有一個粗略的瞭解，（我們不說估計、概念等名詞，而說瞭解，乃是因爲他們或多或少，都教過幾年書）爲什麼就沒有聽到這些專家學者們，對於流於形式的教學觀摩，提出糾正，並進一步研究出一種切合實際，合乎需要且，在事實上及現有的物質條件下，可以在學校推行的正當教法呢!?免得在教學觀摩時，看的是一套，平時教學又是一套。

筆者也曾參觀過一次教學觀摩會，於觀摩完畢後，順便請問那位負責的教學老師：「你的教案寫得這樣詳細，內容如此豐富！講解尤其生動、精采；資料又多，圖表更美觀，你平常眞的是這樣上課嗎？」「那裏！這是表演給您們看的喲！如果每一節課，都要像這樣做，那我下面的課，或其他的事可就不要做了！」

上面的這段話，雖嫌抽象，但從表面的意義，已可以看出今天的教學觀摩，是如何的在追求形式，只顧表面，而不顧慮到實際情形的一斑了。

因此，爲求教育的實際績效，使一般剛出校門的年輕老師、在教學方法上，有所依循和模擬，必須趕緊停止只重表演，而不能實際付諸施行的教學作法，不要明明知道這種教學表演，是在騙人，還要繼續下去！

比如說：我們可以做的，教科書編印完畢之後，教育當局，立即仔細分析、研究各課的內容，需要那些參考資料？何種掛圖？那些教具？例如是國文「參觀巴黎油畫院」，便提供巴黎的形勢圖，油畫院的建築，外觀內設，以及最主要的交戰圖，油畫的複製品。如果是「核舟記」，便照書上所說的，製一條船出來。如果是工藝課，講到「引擎」，起碼有一個塑膠做成的引擎模型。這些教學工具，依臺灣的經濟條件，工業水準，是輕而易舉地可以辦得到的。

講交戰圖，指著油畫講解；核舟記，把那艘船拿在手上，反複指出船上的一切；有架引擎放在講臺上，可以解析、再結合。教學方法，還有比這個更明快，更直截了當、教學績效更好的嗎？

這是實際可以做，而應該去做的，卻硬要在教案上、理論上、耍嘴皮子、玩紙上作業；口才好的，天花亂墜；文筆健的，花樣百出，說是我採這個教學法，他行那個教學法，說開了什麼教學法，也沒有具體的推行過。

教育事業，畢竟與一般社會其他事業不同，從事教育的人，天生就有一付特殊的性格，你給他一種寧靜的生活方式，以及安定的工作環境，他們就能舒坦專心地教學；一個人既已下定決心，將一生投入教育事業，理論上他已經自我肯定，他不屬於爭名奪利的類型。爲了要實現教育的抱負，將他的所學及專長，傳授給別人，爲了達到這一目的，他自然會千方百計，想盡方法，使學子能夠接受，而且越快越好，越多越好。

因此，一些教學理論上的，或經實驗有效的，他們會適時、適地、適人、適事、重複、混合地排上用場。所以教學觀摩，應從實際可行的方法著手，並注重實行後的績效如何？總之，用實際有用的方法，推行教學，才是正途。

後記：本文係名詩人古丁先生所創辦的「中國風」月刊邀約稿件。本決定在該刊第三期發表。古丁先生爲了愼重，還將「稿樣」親自攜至師大宿舍，給我看過編在該期第十三頁；然古丁兄辭去返新竹未久，就傳來「車禍身亡」的惡耗，故「中國風」就此停刊。該文也就「胎死第三期腹中矣」！每讀此文，更懷念古丁兄……特記之。

從教部調查部內官員在外兼課說起

記得羅雲平部長，在上任之初，曾有過一個特殊的表示，即日向有關當局，將自己現有的經濟情況（財產），作了一個概略的報備。

這一作法，不知其含意爲何？我們總覺得：

在目今這個社會裏，這樣做乃是最新鮮的一件事，也是一個破天荒的先例。我們固不欲妄加預測，這一特殊的作法，後果怎樣？能給我們這一代，或下一代，帶來些什麼？但無疑的，它予人最初的印象，起碼有二：⑴爲「來去光明」。⑵能自愛有勇氣，就這一點，實足以贏得吾人的喝彩了！

儘管，前些日子，在九年國教，總檢討會中，他沒有驚人的許諾，也沒有對今後作明確的構想，有所表示。使關心九年國教的人士，覺得沉悶，不過，話分兩頭，九年國教，乃草創伊始，復又茲事體大，牽涉太廣，也不是一言兩語，所能說清，所能說完說明的；與其不能具體說明，不如不說，這是對的，照著構想，埋頭做去，爲政不在多言，乃書生本色。

我們且來看看他，這次下令調查教部內官員，在外兼課一事的舉動，已顯示出羅部長，作事魄力的沉雄，對今後教育風氣之革新，是潔具意義與影響的。——因爲，調查部內官員，在外兼課情形，這一舉動，的確是非同小可，沒有超人的勇氣、決心與毅力，是不敢這樣做的。——因爲，「兼課」，是教育上的一個嚴重的「瘤症」！

據外傳，目前教育部官員，在外兼課，幾乎教部所屬每一個單位都有，有些單位，甚至嚴重到沒有不在外面兼課的人，果眞如此，對我們教部的行政業務，實在令人不敢想像其可怕的程度了！

——難怪前些日子，南部有一個女生（另外尙有六名），在私立市政專校，讀滿了五年畢了業，竟沒有取得學籍的事情發生，這又豈能說是意外!?

不過教育部的官員，在外面兼課，如果純粹是以「學術」需要，還是情有可原的，同時也更令人尊敬，因爲在百忙之中，還不辭勞苦，爲下一代傳授一己之所得，以宏揚學術，其功不可沒；不僅不應阻止，并應予以贊揚與稱慰；反之，如果利用「職權」，趁機利用，相互方便，這就不可以原諒了！豈僅斯文掃地而已？

談到這裏，我提供一個笑話，筆者一個同事的老師，年近古稀，竟每週上七十多個鐘頭的課，而且，是南北部兩頭趕，不過，我這位同事，說話稍嫌誇大，因此，我替他打了一個對折，每週也得上卅多節，筆者以爲他在「瞎蓋」，不以爲然，他才說了實情，一些偏遠的私立學校，爲了向外炫耀，該校教師陣容堅強，祇是掛上他老師的名，上課的事，就衹好由「它」去了！

所以，我們認爲：今天羅部長，拿出這麼大的魄力與作爲，來調查教部官員，在外兼課的情形，是著手整頓教育風氣的第一步，也是「整飭工作」的起點，因爲樹從根起，能夠上行下效，全省景從，教育風氣，爲之一新，那末這一次「部內整飭」，對百年教育大計，實功莫大焉！

——記得，多少年前，軍方曾經辦過，軍種兵科歸位的工作，除利於各該本人的工作外，準備上級的調度、指揮與運用，收效奇佳。我們覺得教部，是否也能來一次「學術歸位」的工作，使一些優秀、出色的專家、學者，才俊之士，能回到他們的本位去，研究他們的學術，發揮他們的天賦；同時，在許多學校中，更有一些對行政頗具興趣的幹才，調到那裏來，……當然，這些行政人員，也是具有專門學術的，能擔當專門性的業務的發展與推行，才好。這樣各盡其能，各得其所，兩者均能適應，都感快慰，豈不更好？

其次，我們也擴而充之，順便來談談，一班中等學校的兼課情形，有關教育當局，更應有調查的必要，尤須有補救的方法才行。茲就概略情形，分述如左：

㈠一般中等學校——尤其一般省立商業、商工學校，大都附設有日、夜間部補習學校，這些學校兼課的情形，更複雜，同時，外界兼課的人更多，因爲有些學校當局，爲了和有關人士打交道，互相利用，常把兼課，作爲一種建立公共關係的橋樑，大送人情，各該本校的正式教師，能否在夜間部兼課，就看各人的人事關係了。當然以鐘點費，作建立公共關係的情形，也不是絕對的，有些正派一些的校長，也不隨便賣這人情，外界人士，要想到他學校去「鬼混」，就休想了！但這種情形究竟不多。

㈡學校本身教職員的兼課。這是一個嚴重的問題，應速謀改進與補救，否則，不僅影響教師教學情緒，同時，更影響學校的團結與合作。對推展教育是一大阻礙。

現在，一班中等學校兼課的情形，大致分爲⑴兼職教師⑵兼任導師⑶專任教師三大類，通常如學校有空缺，第一優先，爲兼職教師，其次爲導師，專任教師又其次也。但由於各校缺額太少，因此，通常的情形，就祇有排到第一優先的兼職教師了（可以說是固定），有些學校，兼任導師的，每週也有一、兩節（偏遠學校例外）不等，而兼職教師（主任組長），一般學校，都是每週九節至少六節之間，當然，也有超過這個數目的。

這樣，就在教師與教師之間，形成了很大的差距，因而常常爲這些事情，鬧得難解難分了。

一般教員，指責兼職人員，兼課太多，說校長厚此薄彼，但校長也很爲難，要別人兼任行政業務，沒有一點較優厚的待遇，誰又肯來，做這賣力不討好的兼差？因此，爲了表示慰勞，每個學校的校長，祇好讓兼職教師，多兼幾節課，多賺幾文，作爲津貼了。

「百無一用是書生」，這句話，多少說明了「讀書人」的辛酸，賺錢不易，因此，才顯得每個人手眼太低了一些似的，閱歷多，涵養功深的，見怪不怪，年青的，血氣方剛的，就眼紅，就不服氣了！

他們振振有詞：主任，組長，也是教師，爲什麼就可以少排課呢？

——因爲，兼辦行政業務，忙嘛？

——忙！那更不必兼了！——行政業務既忙，又要兼課，那不是更忙嗎？

——是的，這就是矛盾了！

（按：教育廳有規定，兼任行政業務的教師，其基本教學時數較專任教師爲少）

——因此，這個問題，必須作澈底的解決，以求學校的安定，否則，每個學校，將因這個問題，永遠擾擾嚷嚷不休。妨礙教育的發展，至大且鉅。

不過，就事論事，在理論上講，兼職人員，既然基本教學的時數爲少，即是因擔任行政工作太忙的關係，這是立案的德意，而現行的一般學校的兼職人員，卻就因爲基本教學時間少，而大量爭取兼課，這似乎與教育廳原來的立意，大相違背了！

——這是一個存在已久的問題，有商榷的必要。

因此，教育有關當局必須考慮：⑴硬性規定，兼職人員，不得兼課。⑵或以規定的各人基本教學時數的多少，作起點，遇有課可兼時，平均分配，（因爲這不是權利的問題，而是每一個人，必須生活的問題）。⑶再不能就把主任、組長、列爲正式編制，給予官等，發給固定津貼，以安其心，以鼓勵其一面教學，一面專心辦理行政務，如此，學校可以安定，教師同仁之間的情感，也更爲和藹了。

總而言之：教師待遇太低，這是一個根本問題，在表面上看，每一位教師，頭上戴了一頂方帽子，似乎堂而皇之，但算他們的收入，一個專任教員，祇不過二千多元而已，以此區區之數，實不足以養家的！事實，我們又怎能忍心說他（她）們：手眼太低了一些呢？

因此，我們還要提一個說過了的詞：「樹從根起」，要革新教育風氣，振興教育，提高教師待遇，仍然是首先必須，認眞考慮的問題。而且是刻不容緩的問題。「天下攘攘都爲利！」而教師們的「爲利」，不是「爭多」，而是「養廉」，而是維持一個起碼和適當的生活需要，這是值得同情和原諒的！

他們的收入是固定的，既沒有加班費（雖然作業帶回到家裏批改），又沒有「差」可出；而他們的工作，的確沉重到，幾乎負擔不起，機械、刻板、固定、不能有絲毫的投機，每天跟著時鐘在等，每一個學校規定，老師早上七點以前，必須到校，檢查環境，輔導同學早自習，下午四時半降旗後，才能離開，放在學校的時間，超過了十小時以上，可以說辛勞到了極點了！

因此，如何安定他們的生活，提高他們的待遇，不論站在任何角度，都必須嚴重地，予以正視！予以考慮！予以設法實現，則教師們幸甚，教育幸甚矣！

一九七一年九月廿三日自立晚報專欄

國立政治大學社會科學論文編號五二六三一一號

治亂世・用重典

——從取締流氓消滅作奸犯科者說起

閒著無事，買了一本馬基維利（Niccolo Machjavelli）所著的王者論（The prince）也有人譯爲「霸術」的書，作者對於「治亂世，安天下」，提出了許多精闢宏論，一針見血，讀了之後，不能不使您拍案叫絕！

咱們中國，對於「安定社會，懲治莠民」，雖然也有所謂：「治亂世用重典」、「殺一儆百」，「除暴安良」……一類的話，但我總覺得，比不上馬氏所說的：「殺無辜以保天下」那句話，來得清楚明瞭，淋漓痛快，既簡明扼要，又直截了當，雖然祗有七個字，但讀來，眞有一股「雷霆萬鈞」之力，令人佩服！令人鼓舞！

「殺無辜以保天下」這句話，乍看起來，似乎言之過苛，太不近情理，更與近代的「民權至上」「人命第一」的思想相違背，但我們仔細看看馬氏的解釋之後，就覺得其中，實有很深的哲理！

他說：「人能洞燭機先，見到一、二朕兆，就能先發制人，立即採取行動；確較優柔寡斷，坐待事態的自行發展，然後演變而成爲不可收拾之局面，實在好得太多了……因爲縱容禍患的坐大，受害者將是整個社會，無數人群；所以，他說：「如果執法者，能在發現亂源之初，就用嚴厲殘酷的手段，予以制壓……這樣做，受害者（即使冤枉——作者註）祇不過若干個人而已。」因此，爲了國家的制度，（當然，這制度是合理、合情、合法的——作者註）能上軌道，使社會的秩序，能更良好，「殺無辜可保天下」，這種作法，還是非常值得一試的。

且看看我們今天的社會和官場的情形，舉世滔滔，有多少孽障！有多少罪惡！有多少禍亂！綜合過去和現在繼續在發生的種種問題，我們試列舉下面幾項，以概見一般：(1)子弒其父者有之，(2)生屠其師者有之，(3)部屬手刃上官者有之，(4)親友相互仇殺者有之，(5)作奸犯科，違法亂紀者有之，(6)貪贓舞弊，假公徇私者有之，(7)賄賂勾結，朋比爲奸者有之，(8)巧取豪奪，欺騙敲詐者有之，(9)忘恩背信，淫人妻女者有之，(10)擱路刼搶，殺人越貨者有之。以上十端，祇是犖犖大者，其他雞鳴狗盜，鼠穿蛇行之小事，且不必細表了！雖然，這只是社會中極少數不肖份子敗德之行，但已足以玷污整個社會了！

造成此種現象之原因，究竟是什麼呢？並不是我們的法律不嚴，也不是我們的法令，管束不周，而是行之不實，失之過寬，漏洞太多，所造成的惡果，尤其司法機關，對於一些罪惡昭彰的案件發生了，要經過偵訊、調查、傳詢，審問……這許許多多的程序，能依著程序下去，倒是好的，如果逢到司法人員，升遷調補，案子也跟著，人事的更迭，一拖經年，犯罪的人，也趁機把犯罪的事實，幾度翻雲覆雨之後，要審也無從審了，要判決也困難了，張韻淑的案子，就是一個明顯的例證，因此，許多案子，都是在這樣雷聲大，雨點小的情況下，大事化小，小事化了，跟著人們記憶的淡忘算了，因此，社會的亂源，愈來愈多，社會的罪惡，愈演愈烈！

當此，政府力求革新，與民更始之時，我們不談端正社會風氣，整飭官常則已，要談就要認眞澈底，拿出大刀闊斧，斬草剷根，除惡務盡的勇氣與決心，肅流氓以安社會，殺貪官以保天下，如此一個寧靜安詳的社會，庶幾可得也。

在常見的許多案件中，都或多或少，牽涉到政府的官員，或民意代表在內，（如葉吉興學大騙案）所以，我們希望，政府官員，以及民意代表，袞袞諸公，身負「爲民服務」重責，更宜潔身自愛，自己分內之事，要公忠體國，爲民盡力，不是自己職分之事，千萬不要介入。增加承辦官員的困惑，避免是非，免于清譽。同時政府當局，對於奉令負責執法的官員，其人品與節操，應作嚴正的考核與保證，取得人民的信任，并在其執行公務時，要有充分的授權與支持到底的堅強意志；司法機關，更要提高審案和結案的效能，各方緊密地切取連繫，要有同心協力，剿滅流氓惡霸，貪官污吏以滅此朝食的精神，則社會安定，國家復興爲期不遠了！

吾不能已於者，人民對於政府，此次下定決心，肅清流氓，整飭污吏之舉，其渴望之殷，實有如酷旱之望甘霖相似，今見政府雷厲風行，執行此一決策，其內心之歡欣與喜悅興奮之情，實無法用言語與文字，來描述於萬一也。然而，他們在額手稱慶之餘，卻又產生一份畏懼之心，誠恐其政府及執行機關，對此一肅「奸」行動，擔心像過去一樣，雷大雨小，最多捉幾隻蒼蠅（殺雞戒猴也不敢），擺了架勢，就半途而廢了！

他們覺得，假如果眞如此，像過去一樣「捉曹放曹」，演這齣老戲，那末今後這些流氓與惡霸，貪官與惡吏，其魚肉鄉民之慘，爲害社會人群之烈，將更無法言喻了！與其如此，不如不做好得多多矣！

因爲，他們深切了解，他們已嚐夠了，一個流氓、惡霸，自牢裏出來，那種氣燄萬丈，威風八面，藉故凌人的苦頭了！他們太怕了！

所以，前些日子，三重市×高級警官，爲了一個善良肉商被殺，所構想出來的「妙著」——「良心話座談會」——爲什麼與會人士，都噤若寒蟬，不發一語的道理，其理甚明了。

——蟲蟻尙且畏死，人不貪生？君不見流氓、惡霸腰裏的刀子，鋒利利的，亮光光的，誰個不怕！

——說開了三重市×高級警官「聰明」的構想，就是一種怯懦的表現，自己主管其事，卻請別人來說「良心話」，自己反而作起聽衆來了！這種「妙計」，眞是幼稚得可笑！「無一人發言，草草收場」，這是意料中之事的。

——聽說：事後有人問他們與會人士之一，「爲什麼不說話？」回答是：「我們太怕！」一語道破了！

——所以，老百姓心裏的標準警察，不僅要有高潔的品格，睿明的智慧，更必須具有「雖千萬人吾往也」的必死必成，擔當負責和道德的勇氣與決心、才行。畏首畏尾，患得患失，是不受歡迎的。

一般市民，對於現行的「流氓管制的辦法」，也認爲有商酌及檢討的餘地，不是一個好辦法。筆者請他們提出一點意見，大半都是搖搖頭、笑笑，祇有一個例子：一個白髮皚皚的老者，卻乾脆俐落的說了兩句話，他說：不用談了！要我說：「輕者監禁終身，重則人頭落地」。話聲未了，就向屋子裏跑！

這話當然是他極端憤世嫉俗之言，但出自一個長者的嘴裏，多少給人一種印象，「治亂世，用重典」，這正有如馬氏所說的：「殺無辜以保天下」也是値得原諒的；同一樣的心理。因此，這位長者也許是，看了今天社會風氣的敗壞，才發了這種憤世嫉俗之論，但不能不說，這也是有其道理的。

一九七〇年九月七日

自立晚報專欄署筆名爲：清流

也談統一公務員服裝問題

「公務人員須穿制服上班」，這一問題，談的時間已經不短了，據說：經省府向所屬許多單位，徵求意見的結果，也是贊成的人多，反對人少；如此說來，這意見在原則上，顯然是很好的；但是，我們實在不明白，首創這種意見的人，他的著眼點，到底還包括些什麼？如果，單祇是「整齊劃一」，或者「以一身樸素布衣，而來象徵社會的清廉風氣」。這觀點實在過於抽象，不切實際。

我們覺得社會人群的現象，應儘可能的做到，讓其平衡，自然，合理去發展，人的外在的生活形式，應依其自然，合理的意願，去適應各種環境，（時令、季節，地方、人情、風習、場合）不要過分去干擾；一年四季，春夏秋冬，花草樹木，鳥獸蟲魚，四時之景不同，生活狀態各異，因其自然平衡的發展，於是形成了，各此美好而多姿的自然景況；社會人群的環境，正有如自然景物一樣，更須要人爲的色彩來美化，使其表現得更生動而富麗，因此，每一個人能穿上一種顏色及不同花樣的衣服，將益使這個社會，顯得調和、活潑而有生氣。更因此，我們也願意，進一步指出，設若眞的每一個公務員，都穿上了統一的制服，（當然我不欲預測，制服到底是什麼式樣），但有一點，我們可以肯定，其色彩決不是鮮明的，也決不可能是帶花的，如此，我們可以設想，一個大機關之中，大大小小，老老少少，高矮肥瘦，起坐、進出於辦公大廈之內，是個如何的場面，不難想像得到的。也許，有人說：軍隊不是一律穿同樣的制服嗎？這樣比就錯了！因爲軍隊，有嚴格的紀律，有高度的生活規範，加以約束，而他們的生活教育（入伍時）單祇「著裝」一項，就要花兩三週的時間，反復講解練習，以求「整肅儀容」，而公務員就不同了，誰來負這責任？所以，我們覺得這是一件很難做得令人理想的事情。

爲了這個問題，我們曾同許多人提起，他們的意見，大體上來說，卻剛好與省府有關單位調查的結果相反。

他們都說：站在某種角度來看，統一制服是好的，但將使人們的生活、精神、顯得呆板和單調，并缺乏生氣、與色彩。這是共同的看法。

他們說：一律穿制服，也不見得經濟，尤以婦女爲然，其次爲小學生。

一位國校教師，更坦率地指出：小學生穿制服，實在不好，對於童稚愛美，愛色彩的天性，近似剝奪；她說：小孩子應該讓他她們，穿花花綠綠，色彩艷麗的服裝，一則可以美化他們幼小的心靈，同時更美化了這個社會，使他她們天眞、純潔、無邪的身心，更活潑、更生動、更快樂、更進一步使她（他）們，感受到這個社會的可愛。在大人們的眼裏，也感到人生如畫，而覺得生趣盎然了。

也許有人又顧慮到，社會上的貧富不齊的現象，會在穿著上表露出來，影響兒童們健全心理的發展，這種顧慮是必要的，但這是屬於技術方面的，很容易解決。

因此，他們不僅沒有贊成，統一穿制服的問題，而且更進一步指出：對於小學生實在沒有統一制服的必要。

至於公務人員，應否穿制服上班一事，雖然沒有一致的看法，但大多仍然覺得自由穿著較爲方便。

說到這裏我們得提出一個例子：自然界的景況，爲什麼能如此，紅花綠葉，美好而多姿，就它是能遵循著一個定律，平衡自然發展的趨向，社會環境，也是具備這種自我平衡發展的功能的，就以統一制服來說，其直接影響到一個人的生活儀容及精神、情緒；同時，勢必影響到其他行業的發展與興替，潛在的力量，不可謂不大；同時，穿衣也是構成一個民主自由社會的一部份；因此，爲了保持社會正常環境的自然平衡發展的現象，最好不要嚴格予以統一爲好，其實，要使公務員生活簡樸，端正社會奢侈靡爛的風氣，方法很多，不祇是穿衣一途。事實，即使每一個人都穿了一襲布衣，也不能就說：這個社會已經純樸敦厚可愛了。

誠然，統一制服的穿著，其用意是至善，但要達到移風易俗的目的，倒不如在政策上，「整齊劃一」，在推行政令時，要「步調一致」，以及「工作態度，爲民服務，團體榮譽，生活習慣」等，做到「整齊劃一」，似乎要實際得多了。至於公務員穿不穿制服，的確倒是一個小問題，不值得去一再推敲與研究，因爲行政上的事務，要改進的地方仍多，把這些精力與智慧，放在別的事務上吧！我們這許多年，浪費的時間的確太多，耽誤的事情，也實在不少，時間對我們雖然過分冷酷與刻薄，但我們仍然必須熱情和死勁地擁抱它！珍愛它！掌握它！我再要特別強調一遍：「時間就是我們一切的希望。」「失去了時間，就等於失去了一切」。

一九七一年十月十五日
自立晚報專欄

談教師考績

一、考核制度有否存在的價值：

自本年十一月開始以後，臺灣省與臺北市的各級學校，也有如入冬以來的氣候一樣，整天被一股濃得化不開的低氣壓籠罩著；這股低氣壓，不是寒流，而是六十年度年終考績的「考成案」。帶來的結果，把許多教師們的心情，給考涼了！也考砸了！

由於今年的考績內容，與往年不同，規定每個學校，甲等人數祇准有三分之一，最高不得超過二分之一。這一規定，限死了許多績優的教師，更難爲了一些中、小學校的校長，粥少僧多，實在很難作適當的分配。因此，有許多學校，祇好以抽籤的方法，來碰各人的運氣；或採輪流的方式，作暫時的安撫；再不然就將三分之一或二分之一的獎金，平均分配給全校老師與職員。這些作法，正說明了學校的左右爲難，同時，更具體的表現出，這些學校的有關人員的顢頇誤人與不負責任；已失去了年終考績的立案精神與本意。這種作法，我們覺得實在不敢恭維。

不過認眞說起來，學校的性質，究竟與一般行政業務機關不同，他們的工作、時間、苦樂，均極相同，原無分一、二、三等之必要；如今硬要以人爲的安排，把他們劃分爲一、二、三等，負責考核的人，固然爲難（如平常未注意建立勤惰資料）；受考核的教師們，如不能得到「恰如其份」的考績，在心理、精神、情緒各方面，所感受到的滋味，是可想而知的。因此，這一個多月來，各級學校的氣氛，的確非常不安，而且教師與學校當局，相處更是尷尬。

考績的立意，乃是在獎優淘劣；它的作用，應該是使優秀勤勉之士，獲得應受之榮譽，以期益加奮勉；而使「無榮譽或破壞榮譽者」，知所警惕與激勵，改過遷善力爭上游。準此，考績之功用大矣。

至於，考績能否發生吾人預期的效果，嚴格的說，實不在考績辦法的本身，而端視負責執法考核者的態度，是否公正以爲賴。

因此，考核這件事，看來似乎非常複雜，但主事者，能持之以公正，它不僅簡單，而且是輕而易舉的事了！

現在筆者，把聽到的「考成案」四個實例寫在下面：以見一斑：

二、從考核實例看考績：

筆者接觸到的，所謂「二等教員」中的四位，其考績情形如后：

㈠姜君說：「我一切都照學校規定做了，至於，教學力與不力，那是一個抽象的問題，很難有一個適當的標準……」他氣憤的說。

㈡易君另有一套說詞：「××娘！」他順口來了一句「三字經」，然後接下去，「啊！我跟他們跑龍套，（因為他是幫辦兼職人員），我請假了兩天，就考二等，但是我請假，是奉教育廳的命令，是學校指派的哪！請了兩天假，就不能考一等哪！難道說：平常的教學認眞、賣命，就不要管哪！」

㈢陳君更氣了！他說：「我結婚請了假，就是二等；但別人結了婚，也請了假，卻仍然是一等，那又是什麼理由呢？」他接著說：「一等教員，都是主任、組長、『幫辦』，和導師；啊！專任教員就該死哪！他們平常兼課、代課、公差、處處拿錢、天天拿錢，到最後連年終考績獎金，都不肯放手，天下寧有此理！」

㈣最後，筆者認為鄭君的意見較為好些，他說：「我幾年來，每天七時半以前，到達學校，領導學生早讀，下午降旗後，檢查同學淸掃完畢才離開，從未遲到早退與請假，即使一年有一兩節誤課，隨即自動設法補授，而且空閒課餘，輔導學生課業，自問未留餘力……這樣做竟也得了二等；反觀少數同仁，很少參加升降旗，又請過事假與公假，都在一星期以上，卻也獲得了『一等教員』的榮譽，這道理他就不懂了！」

他所謂的不懂，實在就是受了名額的限制。在這樣的情況下，被列為「二等教員」，筆者無以言之，祇好說：「滄海遺珠」，聊為鄭君慰了！

三、法令不盡善美，人為錯失尤多：

由於以上的四個「考成」實例，（當然還不止這四個，例如：橫蠻要挾，人情包圍，利害關係……等），吾人不難了解，法令的本身，尙有待改善，而其有權執行考核的人員的態度與作法，更是重要的關鍵，值得深切研究與檢討。

不過，在研究此一問題之前，吾人必須建立一個觀點，就是任何法令規章、制度，都無法做到盡善盡美，沒有缺點，正有如一個團體大了，人員多了，凡事要求絕對公平！這是很難辦到的，是同樣的道理。

因此，吾人認爲做任何一件事，尤其有關個人的前途與權益的事，應當破除一切私人的好惡，以及某些偏激的觀念，在難得其平之中，應盡吾人之努力，求其適當而又合理合情的公平，乃吾人所當追求的善美的境界，這也是一個有權考核別人的人，應有的認識，以及應該具備的修養與風度。

因爲，考核這件事，決定一個人的榮譽與權益事小，影響團體的團結，斲喪人心士氣，影響工作情緒，進而招致廢弛公務，躭誤學生學業，其損失之大，影響的深遠，實無法以道里計了。

四、我們的看法：

千言萬言：「美意良法」雖多，但「徒法不能以自行」，因此，許多缺點，有些可能來自法令本身，但無可諱言，今天許多考核上的問題，人爲錯失的因素，仍佔極大的多數，而這些原因中，又以自私觀念，及利害關係，人情包圍居多。凡事一經滲雜了這些東西，本來一件極單純的事，也要變得複雜了。何況考核這件事情，雖曰訂有標準，但也可以說，等於毫無標準可循，因爲考核表上，都是一些既抽象，又籠統、含混的項目，適應的範圍既廣，伸縮性也就大了。因此，在這樣的情況下，唯一可以憑藉的，就要看主司考核的人，心地是否光明，處事能否公正的態度了！

今天發生在各學校的許多考核上的問題，論者均以爲是法令、制度的未臻理想；其實，這是錯誤的。負責考核的人，不能善盡職責，觀念偏差，不能力持公正，乃是產生問題的關鍵。

吾人覺得一個讀書人，雖不能說，個個爲聖賢，但一般說來，「明大義，識大體」，總比常人稍能約束自己，要說教師們，大都手眼過低，大驚小怪，那也是違心之論。

五、我們應有的作法：

由於社會風氣的頹廢與敗壞，日漸在人們心裡，培養成一種趨炎附勢，見利忘義的作風，因此，吾人認爲今天當務之急，在創造一個風氣良善，崇尚公道榮譽的社會，人無分軍民，官無分大小，均要有：知是非，明利害，辨善惡，講廉恥的個性，全民上下，共同生活在這樣的一個愛榮譽的環境中，在一定的行爲標準下，共同生活，共同工作，獲得榮譽，固然爲人所尊敬，其無榮譽者，更必力爭上游，以期獲取應得之榮譽。如此，考核制度，可以在公開、公平、公道、公正的原則下，自動推展，吾人爲求其方法之具體，甚至可以釐訂一種「榮譽考核制度」，考核表自行塡寫，初考，分別在各所屬單位，集體公開評審，誰勤勞，誰懶惰，誰認眞，誰敷衍，相互都很清楚的。祇要主管負責的人，能力持正義與公道，一個「爭利不先，讓義恐後」的榮譽環境，是不難促其實現的。

初審，在這樣的公平處理後，去蕪存菁，復審主審，由於人數倍少，進行就不至於困難了。更因爲初審時，每個人親自參與其盛，考核出來的結果，也可能容易爲人所接受，而且，可能是一種「心悅誠服」的接受。此一構想，不知能否作爲改進教師年終考績的原則，尚請政府教育當局予以參考。

一九七二年十二月廿八日
中華日報文教與出版
中央圖書館編號存檔
國立政治大學六十年教育論文列五二二二九號

消除安定學校的死結「兼課」

在傳統上一般的看法，學校是神聖和莊嚴的地方，它是一種崇高與聖潔的象徵；寧靜而淡泊，又往往是一般從事教書的，一種獨特的風格與品德；故世人常把教書的工作，視爲一種清高的事業。無論古今中外，時代如何變遷，這種觀念，在一般人的心裡，仍然沒有太多的不同；尤其，我們中國人，即使對普通的讀書人，也要求很嚴，對從事教書的人，當然更加一等。所謂：「君子不言利」。事實，中國社會，在本質上，從來就不是一個重商的社會，知識份子，更必須具有這種輕財遠利的修養，其人格始更見完美一樣，我們認爲世人，用這種觀念，來約束讀書人的行爲，使其時加警惕，檢點自己的行爲與生活，失之固然過嚴，然而教育爲國家的張本，教育的成功與否？直接影響著國家民族之盛衰，所謂：「良師可以興國」，可見一個國家和民族，對一般教師，畀倚之重，職是之故，世人對教書之人，要求嚴苛一些，不僅無可厚非，實乃重視教育、尊崇教師職業地位的表現，因此，我們也爲之深切感動。

然而，我們在感念之餘，也不能不有所言者，而是世人忽略了一個事實，就是一些從事教書工作的人，終究也是平凡而普通的人；是人，就不可能沒有慾念；何況，他們也是像普通公務人員一樣，教書乃是他們的一種職業，而他們也是藉此種職業，而賴以謀生，而賴以養家餬口！因此爭名爭利的事，不僅不能避免，而且也是學校中，最大最嚴重的問題。尤其「爭利」一事，更是明爭暗鬥，激烈非凡，它干擾了學校的行政，破壞了學校的安寧，更影響學校同事之間的和翕，形成教師與校長之間，教師與兼職人員之間（主任、組長），許多摩擦，許多鬥狠，恩恩怨怨，幾無寧日，小之相互毆鬥，有的互爲控告，此誠乃學校教育的一大不幸。

有人也許要問，學校的編制與組織，非常單純，何來「爭名爭利」之事？是的，學校除了校長一職，和其他少數的行政人員，有名位官職之外，其餘都是「聘雇人員」。而校長一職，乃是由上級派定，其他兼職人員，如教務、訓導、總務，及各組組長，都是憑校長的「喜愛」，而自行聘定，故爭名之事，在學校裏，雖也是常見，但畢竟並不嚴重，故今天有些學校，搞成烏煙瘴氣，離心離德，甚至四分五裂的局面，推其至此之由，說穿了還是逃不出一個「利」字。

也許更有人要問：學校既非營利事業機構，又那兒來的「利」，可爭可奪呢？

——問題就出在這裏了！

原來學校的編制，是沒有固定的，乃是隨班級的多少，而決定教師的人數，因此一個學校有缺員時就形成了「課多人少」的現象，補救的辦法，就是請現有的教師多上課，這就是我們平常說的——「兼課與代課」，這種兼課和代課，既是多上，因此就必須「

額外付錢」，於是就產生了「爭利」的問題，同時，同事與同事之間，「衝突」也就開始了！因爲——兼課愈多，錢也賺得愈多；所以有辦法的人，每學期可以兼上個八、九節，甚至十餘節，這收入就驚人了，他一個人賺兩三人的錢還多，這怎能不使另外一些教師們眼紅心恨呢？當然，在這種情況之下，我們也不忍心說，教書人未免手眼太低了一些的話了！

像這樣的問題發生了，學校也就不得安寧了！

我們深深覺得，爲了安定學校，增進同事之間的和翕，使教學能順利推行，對於這種兼課的情形，應儘可能的予以排除才是。

每一個學校，都應該設法聘滿足額，實際需要的教師，使學校沒有一個空缺；既無空缺，就不會有兼課的事實發生，既無課可兼，也就沒有「利」可爭可奪了，這樣反而使天下太平些，同事之間，也無糾紛可言了！學校不僅可以永享安寧，教學更可以順利推行，這是一個美好的境界。

今天一般學校，兼課的情形，僅及於一些兼職人員，如主任組長等，學校的意思，是爲了酬庸他們的辛勞，因爲兼職人員，幫辦了行政業務，工作太忙，讓他們多兼幾節課，多賺一點點錢，認爲這也是應該的；但，很顯然，這在一般教師的心裏，卻認爲這點理由站不住腳的，不能使他們心平氣和，他們也根本不能接受這個觀念。

說實在的，我們也認爲，上面的這些理由，的確稍嫌脆弱了一點，並且有相互矛盾之處。

第一、兼職教師上課的時數，比一般專任教師，少了很多，立案的本意，就在顧及兼職教師的工作與精力，工作加重了，教學時數減少了，故勞逸已經做到實際上的拉平，如要求酬庸，就不甚恰當。

第二、既然本身業務太忙、太多，復又要儘量設法爭取，兼課的時數，顯然是不近情理，而且又與立案本意（減少教學時數，減輕負荷）相違背。果如勉強要，既兼職又兼課，其結果將是業務推行得不如人意，教學想必也不能理想，兩者都不能達到預期的效果，是必然的；因此，造成兼職人員，推行業務馬虎敷衍，而教學又不能認眞執行，其影響所及，就不言可知了！

本此，我們認爲學校兼課與代課的現象，如不能作合理的改善，在公正、公開、公平三個原則下去分配，就應該禁止兼課的存在；嚴格執行制度，遵照規定，聘滿足額的教師人數，教師上課時數，悉依教育廳的指示辦理，不可隨便踰越規定，這樣公平合理的排課與上課，勞逸平均，教師們自然心平氣和，專心教學，學校之中，也自然充滿了安寧祥和之氣，教學當然更能順利地推展，一舉數得，何樂而不爲呢？說實在的，我們的許多制度，並非不夠完美，而毛病就是出在少許人觀念行爲的偏差，因而形成了許多不必要的問題，破壞了學校秩序的安定，阻礙了教育的發展。兼課與代課，就是一例。

一九七五年二月十九日自立晚報專欄原署名：飄隱

我對冒貸案的看法

這一個月來，全臺灣省及臺北市，甚至包括海外關心中華民國前途的人士，全被「青年科學建設公司」的董事長蔡少明的「冒貸案」，掀起的軒然大波，把每個人的心理情緒和日常生活，大大的激揚了起來，保守一點的人搖頭嘆息，說是世風日下，人心不古；年輕一點的激進派，乾脆就說：把蔡少明的同夥，統統殺掉；把捲進「冒貸案」的國中、高中校長，及有關人員，先革職，後查辦。當然，這是太武斷了一點。

但是，這件事，如果以「馬基維利式的」（Niccolo Machiavelli）底觀點來衡量，其結果，就是毋容討論的了。他說：「人能洞燭機先，見到一二朕兆，立即採取鎭壓行動，實較優柔寡斷，縱容事態的自行發展，而演變成爲爭掠流血之局，具有更大的慈悲救世之心。因爲，使禍患坐大，受害者是整個國家；至於執法的嚴酷峻苛，受害者尙不過，若干個人而已。故他主張「殺無辜以保天下」。這些話聽起來，似乎有點太過，但分析起來，也不無道理，爲了求某一件的良好效果，這樣做也確是值得原諒的行爲。

今天，臺灣的經濟，雖然繁榮，人民的生活，非常安定與優裕，但畢竟仍有少部份人，生活仍然陷於疾苦；工作的機會，雖然平等、普遍，但還是有小部份人，陷於失業的狀態；尤其，當此國家艱危，環境險惡之際，這些人，能在粥少僧多的情況下，獲得一份「官差」，應該知所惕勵竭盡忠誠，并潔身自愛，爲國家民族，盡心盡力，庶幾不虧職守，不負政府之重托，以報答上級之眷顧，然而，這些涉嫌的校長們（包括一些官吏），卻不此之圖，竟棄操守於不顧，去作一些與本職無關，或越權違法之事，朝朝暮暮，爲俗務所累，誠乃令人失望和痛心。

筆者個人，服務教育界，將近廿年，一向保持「與人不爭，與事不忤」的態度，但在教學之餘，也冷眼旁觀，一些教育界的事務，拿回扣、收紅包、搞貪污，製假帳……違法亂紀，劣德醜行，眞是罄竹難書，其烏煙瘴氣，寡廉鮮恥之嚴重，的確可以使一個眞正熱心教育的人，放懷一哭！

揭開弊端·藉挽頹風

因此，蔡少明在目前一般人的心裏，均認爲「可殺」！但個人卻持相反的觀點，我深深以爲，蔡少明的「本領」與「行爲」的結果，而衷心爲之折服，更不由得大加激賞，何以故？我深切了解，若不是蔡少明，這一驚人的大手筆，國人決不可能明瞭，我們的行政結構，如此鬆懈；銀行業務，如此馬虎；以及會計徵信、地政事務，都有了問題；

因此，如果因蔡少明的「冒貸案」，而能將整個頽廢了的教育風氣，端正過來；其他行政機構，知所改進，則不是因禍而獲福了!?由此觀之，蔡少明有罪的另一面，倒是一個可圈可點的人物呢!?

基於此，故對蔡少明筆者不想多說，因爲他是一個商人，商人做生意，以賺錢爲目的，爲達目的，可以不擇手段，「商業道德」原算不了一會事，但是吾人不能已於言者，而是那些政府官員，尤其一向被社會譽爲清高，被人尊敬的校長先生們，竟也盡入他的彀中，這就太使人費解了。

尤其，當這件事，有如滾雪球一般的蔓延開來，幾已成爲舉國沸騰之勢，有關教育主管部門，還在有意無意的，想把此事「欲蓋彌彰」；千方百計，想爲一些有污清譽的校長們，尋求開脫之門（筆者彷彿記得，某要員對×安國中，好像更具熱忱），誠不知他們居心何在!?

臺灣省及臺北市，有國民中學七百餘所，此次涉嫌「冒貸案」的，竟高達三四百個之多，其範圍牽涉之廣，涉嫌人數之衆，乃爲政府播遷臺灣廿餘年以來，官商勾結，違法舞弊之最鉅大者，其影響之深遠，不僅戕害了社會人心，抑且破壞了國家的聲譽。然而當此之時，全省人民，爲這集體貪污案件，而陷入一種極爲深沉的痛苦與憤怒之中時，據報載：竟有某次長尙以這是「事出意外，甚爲遺憾；某廳長更認爲並不嚴重，談不到行政處分……」這充分說明他們那種平時漫不經心，吊兒郎當，不負責任的行爲，高居廟堂，既不能嚴加督促於先，事後，還想以大官貴人的姿態，發表一兩個聲明，來唬唬「愚昧」的百姓了事，誠可笑而又可惡到了極點！這些官員和校長先生們，應該是讀書人，讀書人唯一不同於普通人的，就是更要知道廉恥，更知道負責任，而他們這種恬不知恥，顢頇誤人的行爲，實在使國家蒙羞！使國民痛恨！尤其使一百幾十萬年輕的高初中的學生們，心情更爲難堪!?學生們平日以校長爲偶像，而今天他們心目中的偶像竟是一個「瞞天換日」，投機取巧，欺人自欺的詐騙者，其精神所受的打擊，情感所受的創傷，內心的痛苦與失望，實可想而知了！

誠然，今天的教育界，也有清白之士，在默默的耕耘，但畢意仍是少數，因此筆者在此，願意強調一個事實，涉嫌「冒貸案」的校長，瘡疤固然被人揭開了；但別以爲那些未被揭發出來的人，就是清白之士，其實，這裏面的文章可深呢！一些被牽涉「冒貸案」中的人，可能被人情所困，一時胡塗，使自己陷入這樣難堪之境，但那些不走「冒貸案」，這條路子的人，卻更是老謀深算，此中高明之輩，他們有他自己獨立的經營路線，不須別人的牽引、收紅包、拿回扣，都是「第一手」，既安全又利便，他們更深切明瞭，「錢谷過手三分肥」的道理，他們才不作這樣的傻事呢!?凡是有金錢相關的事，那怕是印一批畢業同學錄、測驗試卷的訂購，都由自己來動手，錢也落在自己的口袋之中，這不比涉嫌「冒貨案」，乾淨利落多了！此中的奧妙就祇可意會不能言傳了！不信且去查查，沒有上「冒貸案」金榜的國民中學吧！也許有更驚人奇妙的發現呢!?

說到這裏，我覺得還有一件事，不能不說一說，筆者看到近廿年來，不管任何一個學校，發生了什麼事，督學先生，總是和校長密談幾句就結案了，從未聞和一些老師談談，這是不是也應該改進一下呢!?如果一個督學，常常能與教師們打成一片，也許對學校的許多問題，更能深入，更能客觀，更能清楚了解一些；今天的「冒貸案」，也許就不發生了。

一九七四年十一月廿二日
自立晚報專欄原署名：飄隱

請禁止中小學參考書出版

讀了幾十年的書，教書也有十幾年，天天在書裏打滾，翻過的書也不知道有多少；但是我就是不買參考書，也不看參考書。一則因參考書的內容，錯誤百出；再則我不屑視一些教育棍子們，那種跡近斂財的行爲。古人常以「著書立說」爲最難能的事，而今天少數的教書人，卻動不動就出書，眞是時代人心的一大丕變。

尤其我看到一些跟我同時期的人，當時每學期的成績單上，幾乎滿紙是紅字，左補考右作弊，才在老師那裏「乞討」來一個六十分，勉強過關；但曾幾何時，他們竟在出書了！而且，今天用瑪利出版「衝鋒英文」，明天又用約翰出版「霹靂數學」，後天又有什麼「焦點突破」的書問世了。洋洋乎大有成爲「著書聖手」之勢。撫今思昔，眞是感慨系之。

記得在宜蘭中學教書時，有位張岳老師，不知道從那裏發來的狠，聽見學生說買參考書，就罵；看見學生帶參考書，就撕；每見他一燒，就是七、八、十來本，學生們苦苦哀求，我也有點心痛。當時內心還有不以爲然之感；但到今天，我才知道張岳老師這種作法，是多麼值得稱道與讚揚。參考書之爲害，實非吾人所意想得到的，不僅害了學生們的身心，干擾了學校的正常教學，甚至學生程度的低落，教室秩序的不易管理，都因參考書而引起。這話由何而說呢？因爲學生們有了參考書，可以不必聽老師講課，可以不抄筆記，可以不記任何公式與定理，因爲翻開參考書，什麼都爲你作好了（姑且不論正確與否），萬事不必勞心。在這裡的情況之下，任課老師如何去教？更那裏還能有培養學生「獨立思考」、「主動學習」的機會？因此，任何一種課程，任何一個答案（包括錯的），千篇一律，都是一樣。學生們固然輕輕鬆鬆，老師們也省事多了。這樣的教育，果眞任其延續下去，實不知要把我們的下一代，教成一個什麼樣子？說來實在使人可怕。

現在，我們姑且不去研究各種參考書的內容，是否正確無誤，僅就筆者在一個小鎮上，一間小書店裏，抄下來的一些參考書，所用的書名寫在後面，他們那種「出奇制勝，標新立異」的作法，實在不僅使人訝異，更可以說實在有點離譜了！

(一)有關國文方面的有：(1)OK國文；(2)濃縮國文；(3)必勝國文；(4)新解國文；(5)國文王牌國文；(6)權威國文；(7)實力國文。

(二)有關數學方面的有：(1)密集數學；(2)霹靂數學；(3)苦瓜數學；(4)一流數學；(5)新欣數學；(6)追蹤數學；(7)功夫數學；(8)黑白猜數學；(9)數學測驗進階；(10)數學焦點突破；(11)數學最新重新突破；(12)活用數學；(13)數學應考本領；(14)數學妙算題庫；(15)頂好數學；

⒃數學命題焦點。

㈢有關英語方面的有：⑴衝刺英文；⑵追蹤英語；⑶迷你英語；⑷英文單字進階；⑸英語趣味學習指導；⑹英文按冊分章；⑺英文家教班自習手冊。

㈣有關社會科方面的有：⑴開路國中社會科；⑵衝鋒社會科；⑶自然科命題焦點；⑷自然科焦點。

㈤有關理化方面的有：⑴霹靂生物、理化總整理；⑵鑽石化學；⑶電腦化學；⑷最新思考化學；⑸龍鳳化學；⑹今日物理化學；⑺命題焦點理化。

㈥其他方面的有：⑴五科命題焦點；⑵五科命題瞄射；⑶五科試題突破；⑷各科濃縮叢書；⑸排列、組合、概率專論。

我們讀了上面那些參考書的書名，林林總總，眞是美不勝收。尤其那一連串的—衝刺！突破！霹靂……的呼叫，在怵目驚心之餘，又不能不佩服這些偉大的「著書立說」者的驚人創意。

同時，我也深深的感到不解，有關當局好像早已覺察到參考書的爲害與猖獗和泛濫；故每次督學來時，總不忘再三諄諄告誡，不准學生攜帶參考書。但是，我又不明白：既已知道這些書有礙正常教育之進行，爲什麼不嚴加禁止？政府主管當局爲什麼要核准他們發行？言念及此，我又不能不說，我們這個社會，實在到處充滿了矛盾。

有心人士早已喊出了「教育必須革新」，故我們趁此也願意提醒有關當局，對時下的中小學參考書，也來一次清理才好。在一百多年前，林則徐發現鴉片烟的爲害既深且鉅，有虎門焚烟的壯舉；今天參考書之爲害，實不下於鴉片烟！爲了救救下一代，趕緊來一次焚燒參考書吧！

一九七四年十二月二日

中央圖書館檔案存館編號一三二四號

國立政治大學、師範大學教育論文存檔目錄

我們對聯考複查成績的看法

一年一度的高中及大專聯考，又將過去了，這兩種考試一結束，不知考砸了，多少年輕人的理想和希望，也不知道考砕了多少父母關愛兒女的心！

有關聯考制度之利弊，已經談得很多，這裏略而不論，但筆者對聯考完畢，公布成績後之「複查」，卻稍有微詞，特提出來談談。

我們認爲，無論高中或大專聯考招生委員會的權責，過於廣泛，作風獨裁，何以故，現在就筆者手邊的「高中聯考成績通知單」上的「注意事項」就可以說明其概要。

㈠請將成績通知單，外頁姓名塡好，否則恕不塡寄。

㈡考生家長不得向本會，申請調閱考卷。

㈢考生家長對此成績若有疑問，請於×月×日至×日止，攜帶本成績通知單，向××中學申請複查，（以一次爲限），并繳入複查費，每科十二元（複查回件郵資，自行貼足），複查結果於八月十二日發出。

㈣經複查後，如有錯誤，由本會按其總分，依照分發標準及志願，予以更正。

㈤成績抄寫如有筆誤，概以成績登記冊爲準。（以下從略）

我們看了上面這五大「注意事項」之後，套一句外交詞令說：聯招會的作風，的確也過於「霸道」，態度也有點近於「強橫」，其注意事項之遣詞派句，設計之嚴密，顧慮之周詳，眞是無懈可擊，我們且從其第二項看起：

「考生家長不得向本會調閱考卷。」

這一點如果在法律上或情理上，站得住腳跟，那末一個考生的命運，就全部操在他們的手掌心了！成績好被錄取，那是應該的；成績好沒有被錄取，就算是命運，也應該認了！即使你再花六十元去「複查」，他們也會爲了敷衍你。「照復如儀」，一律四個字「經查無誤」。報名時花了一四〇元，「名落孫山」之後，還孝敬他們六十元喝老酒，你想：多麼冤枉？反正有言在先，「考生家長不得向本會調閱考卷。」其奈我何？眞可以說：生殺予奪，我自爲之。

這一鐧，實在有欠恕道，不知多少青年被冤屈了！

因此，我們覺得應該建議教育部，明年聯考時，這一條應該剔除，規定不僅可以調閱考卷，而且應該做到，在發成績單之同時，聯招會爲了表示公正、公平，負責和盡職，還應該主動地，將該考生全部答案卷、卡，影印通知，藉使每一位考生，都能獲得他們自己的正確成績。

論者也許認爲這樣做，花費時間，金錢過大，其實不然，這樣做更省時、省力，省卻許多糾紛。影印答案卡?我們知道實在簡單易行,同時花費不多,我們平常影印一個文件(如戶籍謄本)代價不過三、四元而已,而現在聯招會,每複查一科,要交十二元,則高出多多矣!所以,我們認爲考生不僅可以調閱試卷,而且應該複印各考生原答案,附在成績通知單上,才算合理。

其次,我們再來研究一下該通知單「注意事項」的第五項:

「㈤成績如有筆誤,概以成績登記冊爲準。」

這一點看起來,的確冠冕堂皇,義正詞嚴,但它所具備的實質,實在既空洞又虛浮。你想想看,一個考生把試卷交出去了,而所得到的,就僅有「成績通知單」,如通知單上果有「筆誤」,他又如何得知?因「成績登記冊」,在聯招會的保險櫃裏,考生「準」個什麼?憑所何來,準所何來!

說到這裏,我們覺得聯招會諸公,耍的花「腔」,也實在太高明了,我們雖佩服,但我們仍不能不提醒一下,大專聯招也好,高中聯考也好,對象畢竟還是一些小孩兒,別這樣作弄他們吧!

一九七四年八月十二日自立晚報專欄
中央圖書館檔案編號列館
國立政治大學、師範大學教育論文目錄編號

國中教師甄選與教育風氣

我們知道，此次國民中學教師，實行甄選的辦法，其肇始的主要原因，實乃由於近年來，臺灣省市教育界，有少數的校長先生們，對於聘請教師工作，不能保持其超然應有的清高立場，擺脫其人情的包圍與困惑，甚至更有人公開接受應聘者的金錢或貴重禮品的賄賂，於是，每年寒暑來臨之前，各方人士競相奔走鑽營，私心攀附，紅包禮品，明交暗送，如潮水般滾滾而來，其對中國傳統的，讀書人的高尚風格與操守，固然弄得蕩然無存，亦使整個教育界之風氣，爲之敗壞殆盡，更使大多數，眞正從事教育的教師先生們的人格和名譽，蒙受無法補償的損失與侮辱。尤其冒貸案發生之後，捲入其中的校長先生們，全省幾達五分之四，這的確是中國教育史上，最可恥也最慘痛的一頁。因此，過去一些流言和傳聞—紅包案、貪污案、回扣案，這時也不由得你不相信有幾分之幾的眞實性了。

教育有關當局，爲了挽救教育界這種頹廢的風氣，藉以維護教育人士應有的清高名節，對少數校長先生們，把聘請教師這項神聖工作，看成投機營利的勾當這一事，不得不痛下決心，設法作有限度的剝奪。因此，誕生了這一陣子的，所謂「教師甄選」的行動與熱潮。

其實，爲了杜絕少數校長先生們的貪婪，藉聘請教師，而產生的流弊，而舉辦「教師甄選」，這似乎又是文不對題的事了，任何人接受賄賂，就是貪污，既是貪污；我們有的是：懲治貪污條例及其他法令，今捨此而不求，另定什麼「教師甄選」，難道說：這甄選的辦法，比法律效力還大嗎？似乎是多此一舉。

假如說：有了「教師甄選」的規定，就可以防止校長先生們，玩法弄權，便利栽植私人，那我們倒反而覺得，「教師甄選作業程序」公布後，所賦予的「任用私人」的機會，可就更多了，可以見得，因爲「教師甄選」辦法上，規定校長有權聘請教務、訓導、總務、三處主任以及各組組長，不受任何限制。有此大權，能有多少私人不能夾帶進去!?其次，每學期缺額的呈報，要多要少，大權也在校長手中，至於中途辭職的教師，那更是遇缺即補的當然之事，故一位校長欲想「栽植私人」，辦法多的是，一個「教師甄選」辦法，又其奈我何，說眞的，這辦法發生不了多少效益的。

其次，來談談，公正、公平、公開的問題，這美好而又抽象的名詞，它須要有實際行爲來烘托，才能顯出它的眞實感與具體性，沒有公正、公平、公開的具體事實和行爲的表現，這些詞句永遠是外表美好其實質是空洞的。眞所謂：徒托空言。不信且看看臺北市的國小、國中校長甄選吧，且有一位曾經參加過「甄選」的先生，發現自己名在金榜之外，竟慌作一團，氣急敗壞地，跑到市長那裏「跪地求援」。當然，這種作法，的確有失讀書人的風度，但是，我們也可以想到：他不是氣憤難平，逼得慌、迫得太急，或者明虧暗虧，吃得太大；我們想：他也不會這樣做的，畢竟他還是一個知識份子啊！尤其中國傳統式的知識份子，更必須具備一種輕財貨，遠名利的修養，其人格始更見完美，我想他應該是知道的。所以，這次的「教師甄選」，在本質上，就與我國「尊師重道」的傳統精神，背道而馳。

因此，我們要奉勸參加甄選的先生小姐們，心情還得放輕鬆一些，得失心理也不要看得太重，至於公平、公正和公開這三檔子事，究竟還是無法求得絕對「平」與絕對「正」的。何況，即使甄選僥倖被錄取了，名字登記在候用的冊子上，聘與不聘，大權還是操在那些校長先生的手上，因此考取了，能不能順利分發任教，要不要人事背景和紅包禮券，這是局外人不得而知的，我們所能說的，如果幸運你考取了，就要趕緊抓住機會，更要機靈一點，在這大小通吃的當口，那還有你猶豫的時刻!?

甄選工作，現在已經先後結束，它到底能給我們臺灣省市教育界，帶來的是一片祥和!?抑或是一股戾氣!?我們祇要想想，甄選工作的立案精神，及造成此種作法的背景意義，就不難看出一點眉目來：

有人說：教師甄選工作，又爲臺灣省市教育界，埋下了一顆炸彈，這固然有點危言聳聽，但就八月一日開始後，許多新舊任校長交接後的情勢來看，教育界要進入穩定與安詳的境界，可能是越來越遠了！何以故？上面已經提到，「甄選」主旨在防止校長任用私人，但校長們有聘請兼職行政人員的大權，於是每一位校長一到任，後面就跟了一條長龍，這些人勢必要一一用行政兼職人員名義安插，原有的「兼職行政人員」，那頂「紗帽」，就必然要摘下來了！如此一來，碰到一些早有求去之心的人，事情就好辦，假如碰到一些有心戀棧的人，事情就棘手了，最後只好是，如果你不識相，就得由我拉下臺了。

聽說：臺北區就有這麼一些學校，發生了這樣一些事情，新校長來了，各處室主任及組長也來了，但是就有幾位老人，硬是一再請求，不願辭職，（因爲他們有老校長的聘書），結果當然還是被刷掉下來了，這樣的情況，是今年臺灣省市的國民中學，人事上的普遍現象，眞是新任的工作尙未展開，恩怨和隔閡，已在各學校之內發生了，如果，沒有好的方法，「化戾氣爲祥和」，這種恩怨與隔閡，將是愈演愈烈，越鬧越深，終至派系林立，紛擾滋生，因此，「教師甄選」，引出校長先生有權聘用行政兼職人員的問題，將是破壞學校秩序安寧的徵結所在，關心教育的人不能不爲這一現象，而寄以隱憂。

一九七五年九月二日自立晚報專欄

中央圖書館編號列館

政治大學論文目錄五二四二號

師範大學論文目錄編號五二四號

論學校紛擾之癥結

在傳統上的看法，學校是莊嚴神聖的地方，它象徵純潔與崇高，寧靜與淡泊；故國人常把教書工作，視為清高事業，無論古今中外，時代如何變遷，這種觀念，在一般人的心裏，一直沒有太多的不同，尤其我們中國人，對待一個普通的讀書人，也要求甚嚴，對從事教書的先生，當然更加一等。其實世人忽略了一個事實，就是從事教育工作的人，終究也是平凡而普通的人，名利的觀念不可能盡去，他們的從事教書，乃是藉以養家賴以餬口，因此爭名爭利的事，不僅不能避免，而且也是學校中，最大最嚴重的問題，尤其爭利一事，還是明的暗的，激烈非凡呢！它干擾了學校行政順利推行，破壞了學校安定與團結，造成了校長與教師之間，教師與兼職人員之間，（主任、組長）許多磨擦恩恩怨怨，幾無寧日，誠乃學校教育一大不幸。

按理說：學校組織單純，編制固定，除了校長及少數幾位職員，係由上級派定外，其他兼職人員，如教務、訓導、總務及各組長，均是憑校長的「喜愛」而自行聘定的，故爭名之事雖有，但畢竟并不嚴重，故今天有些學校，搞得烏煙瘴氣，四分五裂的局面，推其致此之由，說穿了還是爲了一個「利」字。

學校固不是營利事業機構，本無「外利」可爭，唯一的「財源」，祗有兼課費及輔導費兩種，而兼課費，須視學校缺額教師多少而定；輔導費，則視參加輔導的學生的有無；這種「利益」的來源，因無固定數字，因此尖銳爭奪的情況就發生了——學校有教師缺額時，爭兼課費；學校學生有輔導時，爭輔導費。因爲兼課費及輔導費愈多，賺錢也越多，所以有辦法的教師，每學期可以兼八、九節課，甚至有高達十節以上的，收入就驚人了，等於一個人賺兩個多人的錢，這樣情況怎不使另外一些，一個學期一節課都拿不到的教師眼紅呢！雖然每月祗八九千元，但我們也不能忍心說，教書的人太眼高手低的話了，因爲不平則鳴嗎？

而且，兼課及輔導，大致僅及於一些兼職人員，學校的原意是爲了酬庸他們的辛勞，因爲兼職人員，幫辦了行政業務，工作太忙，讓他們多兼幾節課，多賺點錢來籠絡他們，校長們認爲是理所當然的；但很顯然：在一般教師的心裏，卻認爲這個理由是牽強的，站不住腳的，不能使他們心平氣和的接受，而且，他們根本就認爲這種觀念是錯誤的。因爲他們知道，兼職教師上課的時數，比一般專任教師少了很多，這種少排課，立案的本意，就在顧及兼職教師的工作與精力，工作加重了，教學時數減少了，故勞逸已經做到了實際上的平衡，如要求或賦與額外的酬庸，就不甚恰當。但事實又不然，既然本身業務太忙、太多，復又要儘量爭取兼課的時數，顯然是不近情理的！更與立案本意（減少教學時數、輕減負擔）相違背。如果刻意強求，其結果，就將造成業務推行得不如人意，教學想必也不近理想，兩者都不能達到預期的效果，這是必然的，所以近年來，學生的操行散漫了，學業程度低落了，這不無道理的！因爲由於兼職人員，本身時間精力的不及，推行業務馬虎敷衍；而本身的教學（勢必擴及其他教師）又不能認眞執行，其影響所及，就不言可知了！

至於輔導費的分配，更是造成學校及教師與教師間，不能同心協力，及妨礙學生心理健康最大的力量。所謂輔導，說穿了，那確實是欺人自欺的話。一個學生一天坐了七個小時，最後，還在降旗、清掃、放學聲中，把學生留下「輔導」！學校上下內外，都嚷嚷哄哄的，學生們的心頭，老早就飛了，那還有心安下來，聽你的「傳道、解惑」！有道：你正課爲什麼不傳呢？有惑：我明天來問好了！在這樣心態下，學生還能聽進去，你在講什麼，那才是天曉得的事呢！所以，這下課後的輔導還是不輔的好。其次是，暑期或寒假的輔導課更是上來毫無裨益，而且會在學生學業上，形成嚴重的差距。臺灣近廿年來，經濟繁榮，人民生活富裕，一般學生家長，都不在乎四、五百元的輔導費，但儘管生活差距小，然畢竟還是有差距，有些家庭子女多，負擔重，同時有兩三個讀中學的，一下要繳一兩千元，還是會心痛的；於是一班中，有的參加輔導，有的沒有，參差不齊的現象形成了。

這裏要特別指出的是：參加輔導的學生，教師講新課，兩個月下來，英文、數學，就已經六、七課了，等新學年開學，問題就多了，沒有參加的學生，就吃虧了，不僅跟不上進度，被老師責罵，在同學面前，更是難過，這樣輔導，不僅造成教學上的困難，而且不合理，對學生來說，更是很不公平，容易在學生心中，造成不平衡的心理，包括參加輔導與未參加者在內；因此，暑假和寒假的輔導，實在沒有什麼太多的好處。假如爲了顧及學生們長期休閒生活，倒不如將學業輔導，改爲各種有益身心健康的團體活動，來得適當一些。例如：參觀旅行、球類比賽、野外露營、繪畫寫生、歌唱舞蹈等。

一個學校，不收補習費，沒有兼代課的爭執，不收輔導費用，校長及教師，教師與教師之間，就沒「利」的干擾，全校一體同心同德來教書，推行一般活動，學校能維持一個寧靜安和的環境，一切都能在安定團結，互助合作中，順利進行，教學那有不上軌道的？

其實，這種由兼課鐘點費發生的爭執，實在是可以排除的，如果每一位校長，不存一點私心和偏心，按多少班級編制，聘請足額的老師，既無空缺，就無兼課費可拿，也無相互傾軋的事情發生了，但就有這麼多的校長，做明知山有虎更往虎山行的事情，千方百計隱瞞教師缺額，然後自己大開方便之門，引進來自己的私人，但這些私人往往又爲私利分配不均，而內哄而窠裏反，終替學校製造糾紛。

一九七九年十月十二日自立晚報專欄

師範大學教育論文資料目錄〇五八五號

學校教育眞的正常了嗎？

——讀教育部中小學校正常教學成果報告有感

半個月之前，當看了報紙新聞後，我就想動筆寫這篇文章，但總覺得身爲教育界的一員，硬揭自己上司的瘡疤，在作人處事的態度上，老覺得有失恕道似的！故遲遲未敢下筆，但一想到教育爲百年大計，教育爲良心事業，尤當國步艱難之際，如果每一個人爲公家辦事，動輒蒙上欺下，遇事還存敷衍搪塞之心，國脈民命將更不知伊於胡底矣！我無意說：有人刻意粉飾，但至少對問題有欠深入了解。

職是之故，我們不能不坦白地說：這次由部省市教育主管單位，所組的國民中小學正常教學督導小組，過去一年來的辛勞是白費了，一言以蔽之，一般學校存在的共通問題，不僅未作深入了解，而且根本沒有刻意去發掘問題，或者粗心大意地忽視了。

雖然該小組在一年來，抽驗查訪了一百卅多所國民中小學校的設備、及臨場聽課，多達三千餘堂，藉以了解各個學校，實際教學的情形，風塵僕僕，枕食難安，誠可謂備極辛勞！要說以此種方式與做法，去處理問題，了解眞實情況，實無異緣木求魚，更遑論什麼成效了。

據報紙新聞指出，該小組所查訪過的學校，獲得的結論是：對正常教學，大體績效不錯，而名學校亦能切實遵照，課程標準，排課施教；對坊間出版的參考書、測驗試卷，均能嚴格遵守，禁絕使用；更重要的，在各學校內外，也沒有發現不當的補習……這些官樣文章，乍看似甚具體，但仔細分析：「對正常教學，大體績效良好」等語，內容空洞。而「各學校亦能遵照，課程標準，排課施教」；這樣的「情況」，是否也是列於「大體績效良好」的考評之內呢？設若一個學校，連起碼的「課程標準，排課施教」，都辦不到，那還成爲學校嗎？

至於「坊間出版的參考書，測驗試卷，均能嚴格遵守，禁絕使用，」這一點，督導組的先生們，不是被學校當局所蒙蔽，就是自己忽略了！這種情況用不著派出許多大員去查訪，吾人可以坦率以告，參考書、測驗卷，無論鄉村城市各個學校，不僅沒有「禁絕使用」，而且仍在廣泛地予以濫用。有些學校更將參考書公然翻印發售呢，祇在封面上加印學校的全銜，並冠以「××科教學研究會印製」字樣，則驗試卷，則是加上學校全銜重行翻印，這樣做唯一的好處，就是替公家多浪費一些紙張。

其實，要考察這些問題，方法實在簡單得很，督導小組的先生們，應該都有子女在上學，倒不如在自己家裏，翻翻孩子們的書包，看看孩子們的書架上的書本，就可知道學生使用參考書的泛濫情形，就在每天上下課時中，在路上攔住三五位中小學生，要他把書包打開給你看看，也就了解個中情形了，這不是輕而易舉地找到答案了嗎！

我們的社會原不是重商社會，以賺錢爲目的，故知識份子也就養成了一種輕利好義的觀念，就有如孟子說的：「何必曰利，亦有仁義而已矣！」那種傳統的生活操節。但是近世紀來，歐風東漸，受到西方的那種功利主義的影響，社會結構已漸由農業社會遞嬗到了工業社會，於是國人的觀念大變，幹任何行業，必先考慮其獲利能力，讀書人當然也不例外，所以有辦法的教師，搞輔導、搞補習、搞家教，知識學問也被商業化了，而且這種惡性的，有害的輔導與補習，明裏暗裏，正如火如荼地在各個學校進行，而且由於利益分沾的不能均勻，正接二連三地，在各國學校，造成糾紛迭起的情況，而督導小組卻說：「在學校內外，也沒有發現不當的補習……」顯然若不是學校當局，故意隱瞞事實眞象，就是出於督導小組的又一次疏忽所致。

至於「在學校內外，也沒有發現不當的補習……」一詞，似嫌籠統了些。所謂：不當的補習，它應該包括每天在課以外的上課，以及放學後，延長留校時間的上課，不照課表的上課，甚或把音樂、美術、工藝、作物栽培、生活指導、體育童訓課等，挪借過來上國文、英語、數學、理化課均屬之；至於校外補習，這也是老生常談的事，旋風式的督導，要查出來是辦不到的，但是一個學校之內，那些老師有辦家教班，那些老師自己在補習班兼課，千方百計誘騙校內學生到補習班去，校長是清楚的，校長爲了升學的競爭，或者有少數校長，尙有在補習老師那裏獲取好處的，祇好睜眼閉眼的過去算了！反正主管當局抓不到的，校長又何不網開一面呢？這些補習老師，在補習班用的是假名，有關當局，到老師家或補習場所去查，進門就有電鈴，祇要按一聲鈴，老師就從後門一溜，學生一哄而散，沒有現場抓住，無憑無據，也辦不了人的，喊了這麼多年，抓到爲人補習的老師有幾人？又有那位校長，因屬下的老師爲人補習而連帶被記過的。

其實，今天教育上，所遭遇的困難，表面上看似問題太多，如果肯深入仔細分析，其實祇有一個原因，一切問題，皆肇因於升學激烈競爭之所致，如果沒有升學競爭的壓力，中小學教學，不必督導，即會自然趨向於正常，故欲求解決教學正常的問題，首先必須設法減少升學競爭的壓力，否則祇有周而復始，愈演愈烈之一途。竊又以爲升學競爭激烈，倒並不可怕，也不是什麼嚴重的壞問題，國民一旦收入豐裕，讓子女多讀點書，也是好事，我們沒有阻遏扼殺的理由與必要，使人擔心和覺得嚴重的，而是今天受教育的人，爲了應付各種考試，走火入魔似的，已把今天的教育，危險地導向了一扇狹門、一扇邪門裏去了，才有今天考試領導教學的怪現象。因此要求正常教學，除設法降低升學競爭外，改進考試制度與方法，乃是必要的！但最最重要的，還是要如何建立一種新的用人制度，使初任職的人，不要一進門，就要別人拿文憑來，如果能建立一種新的制度，使他獲得適才適用的工作機會後，邇後的升遷調補，就憑服務年資，工作經驗（證明文件以考試方式獲得），以證明一個人的經驗與技能，選優汰劣，適才而用；同時並訂定一種在職進修深造的辦法來，讓其接受更多更高訓練，增進其學識與能力，藉擔當更高更重的工作。這樣一個人的經驗與技能，被優先獲得考慮與尊重，而且，乃是成爲工作職務的必要條件，文憑即淪爲次要的地位了，這樣的制度如能建立，對降低升學競爭及恢復學校的正常教學，當有意想不到的效用。

一九七九年十月卅一日自立晚報專欄
中央圖書館編號存館
師範大學教育論文編號○五八八號
政治大學教育論文資料目錄存檔

這樣中共當然要怕他了！

我在電視上，聽到也看到，總統李登輝先生，一再地向擁護他和不擁護他的觀衆大聲喊叫：「中共最怕我！」他說：「爲什麼？因爲我做得太好了」！

爲了這句：「中共最怕我」！眞的，我丟下學生們的「期末考試和心得報告」不看，苦思這個問題，幾天廢寢忘食。總在想：數十年來，國民黨中的領導者，及衆多精英份子—如孫中山、蔣介石等，都不曾說，「中共最怕我」，爲什麼—李登輝總統，他敢拍著胸脯，振振有聲說：「中共怕的就是我」。

直到日前，總統提名完抽籤了，發表政見了，我才領悟出來—「中共爲什麼怕他」！民進黨爲了總統提名的問題，爭爭吵吵了好些日子，也提出過好些人馬，但在「顧及黨的團結」或「顧全黨的存亡大局」，最後只提出一組候選人—彭明敏和謝長廷出馬……。

然而，國民黨呢？最先浮現參選—我說「浮現」；乃是他採取隱隱約約，或明或暗的諸種手法—就是李登輝和連戰。他們一個是任總統；一個是行政院長，在各種場合，各種會議之中，布椿或利誘或施惠—一個目的—就是要說明；競選連任總統。

因爲他說過，只做一任就退休的話，所以長久以來，也欲競選總統大位的林洋港先生，便當仁不讓的也公開表明要與李登輝競爭，接著：監察院長陳履安，也站出來了，並且大聲的喊吶，黑金氾濫，社會秩序大亂，人心低迷，道德敗壞……是領導出了問題，要換人來做……一個國民黨之內，就出現了三組人馬，你不讓我；我不讓您的局面……

我再思三思不得要領，又回過頭來，研讀李登輝總統說的：「中共最怕我；因爲，我做得太好了」那句話：嗯，這次卻記起來了，民進黨的黨主席施明德兄（只所以稱兄，因爲他是筆者砲兵學校先後期同學呢）說過的一句話，「李登輝最大的功勞，就是：把國民黨搞垮了」！

是的，李登輝總統自蔣經國總統的手裡，接下這個總統大位，才不過幾年，就把國民黨，搞成四分五裂，連總統競選，也搞出三四組人馬來了，像他—李先生這種搞法，那個國家，那個政黨不怕！您想想他那種氣魄—「經營大臺灣；建立新中原」！萬一有朝一日，乘著他新訂購的座機，劈空而下降落在—北京，而且用整垮臺灣的那批「老賊」的手法，把北京城裡的那批「老賊」，也整了下來，換上從臺灣總統府，帶去的那批「馬屁精」，進而也把中國共產黨，整得像—臺灣的中國國民黨一樣，四分五裂的情況，不要說：中共怕他，就是天王老子，玉皇大帝也怕他呀！

因此，他說的：「中共最怕我」！是有道理的！我了解了。

一九九六年二月廿六日

一九九六年三月七日世界論壇報發表；同年三月十五日國是評論月刊轉載

李登輝總統去美國之後

李登輝總統在完成，一連串的「走出去」之後，於今年六月間，又「成功」地去了一次—美國康乃爾大學訪問。對他個人來說，的確是非常的爽了。但卻沒有想到，激起了對岸中共嚴重的反感，一怒之下將兩岸所有的交流，對話都停了，甚至，連那要命的飛彈，也丟到臺灣島的周邊附近島嶼來了，而且，仍在不斷的說：「還要丟」！

中共這一「丟」不打緊，可把島上老百姓嚇慌啦！股市溜滑梯，房地產沒有人要，資金嚴重外流，移民爭先恐後……因此，社會上有許多人，對李登輝這種「走出去」，感到十分的疑惑。但是李總統卻不以爲然，他說：臺灣要生存，唯一的方法，就是要「走出去」，讓世人都知道：「中華民國在臺灣」。所以他說：「我明年三月總統大選後，還要『走出去』」，他故意賣了一個關子。他說：「這次『走出去』，是要去一個大家都意想不到的地方，我現在不說出來，說出來又增加困擾；大家被總統先生弄迷糊起來了，因此有人在推測，一定是到一些反對中共的國家去，他們是基於李總統的性格來判斷的—誰反對他，我就偏要到那個地方去。

其實，大家以這樣觀點去推論，研判，是錯了！社會上的許多事，其實要從反面去看，才能得出合理的結果。

我們不要去看，一些牆壁上懸掛的選舉標語：「臺灣人不是驚嚇長大的，也不要聽口頭上說：「誰怕誰？打就打吧」！更不要說：「啥米攏無驚」！那種硬著嘴巴說出來的大話，其實他們心裡正是怕得很，日夜不安呢!?

「明年三月後，我還要去一個，大家都意想不到的地方。」其實，這個地方不是外國，就是去中國大陸—北京，—這是最可怕的地方，也是一個最安全的地方。

我們從「時間」上，就可以正確地判斷出來，明年三月正是：臺灣第九任總統大選揭曉之後，李總統選定這個「時間」；這中間有兩個層面；意義也很特殊。

第一，選舉完了，如果他當選了，那是最好了，他就可以—以臺灣民選總統的姿態，到北京去。這樣可以凹顯：「我是眞正的，臺灣二千一百萬人民，票選出來的總統，有堅實的民意基礎，我的言行代表臺灣全體人民；我的任何決定和承諾，都有全臺灣人民，幫我背書，是有其一定的價值和意義的。（不過，以「總統」身分去，中共不可能接受的！）

第二，萬一這次競選失敗了，落選了—有這種可能；近日來，林洋港和郝柏村的聲勢，已經愈來愈對他形成壓力—如果這種情況不幸發生，李登輝總統爲了自保，他更必須趕緊去，這樣一來，那個困惑兩岸四五十年的問題，或可以輕輕鬆鬆地迎刃而解了；

原任總統尙未解職，而新當選的總統又未及就任，把統一問題解決掉了，這不是也正符合中共，所一再宣稱的「縮短」統一時間的最佳作法嗎？

我的這種想法，也許有點像天方夜譚的招式，但是根據憲法規定，新當選的總統要接任總統職位，還有四十天的時間，在這四十天之中，如果有心想解決某種問題，在時間和空間上，的確是綽有餘裕的，眼見一種難堪而又尷尬的處境，就要發生，不管任何人不會坐著等待，都會爲自己著想，盡量設法脫離這個困境的，越南的吳廷琰，韓國的盧泰愚，不是兩片透明的鏡子，識時務才是俊傑，我想，李總統也曾思考過這一層的。

所以，我的結論是：「明年三月我還要出去，去一個大家意想不到的地方」，這地方就是，中國大陸—北京。而且我可以進一步肯定：李總統當選，固然要去，即使落選了，更是立刻要去。

一九九五年十一月廿九日世界論壇報

談選舉 講誠信 問因果

讀民意版作者悟空先生大文之後：文思忽然湧現，而寫此文。

檔案：(1)

某海島上一個自然村。甲乙二人欲競選一個公職。

甲義正詞嚴，當著中外記者宣布，六年後，本人和丙先生不再尋求連任了。我倆再去教教書，或傳傳教也好；這時甲態度誠懇、詞句柔和；裂裂嘴笑謂：「年紀大了嘛，要退休啦！」甲於是獲得許多喝采和掌聲！

檔案：(2)

又一次盛大的：中外記者招待會，又有一位女記者，提出這個問題：「甲先生你說過六年之後，不再競選某種公職了！請問：甲先生——現在有沒有改變，這種決定」？

甲先生當著衆多外中記者面前：「我上次就答覆過×報的×記者先生。你可能不在場，我現在重新宣布一次：不再競選的決心，還是和上次說的一樣。」

於是，全場又響起了掌聲，混和著笑聲！

檔案：(3)

幾乎是在同一個時間。乙先生聽到此一消息：除了同衆人一樣表示贊揚之外，並立即宣布：決定競選—「是項公職」。而且，也立即獲得—廣泛而普遍的熱烈響應和支持；因爲乙先生年富力強，素孚衆望，尤其道德文章，待人處事，稱得上一等品位。所以乙先生自己也覺得參加競選：乃是當仁不讓的事。更難能者，他周圍的人，也是這種感覺。

檔案：(4)

正當乙先生和支持他的人，展開競選準備工作之際—晴天霹靂：甲先生卻集合了大批人馬—公開宣布：「要再做一次」。言外之意是「上兩次說的「不再參加公職選舉」的話—「不能算數」。

甲先生說：不是反悔的問題，而是時間不同了，他發現有許多的重大事務，還沒有做完，因此，他要再做一任，把要想做的事都做完了，才能夠把「政權和平轉移」給別人。

所以，甲先生說：「他決定再選一次」。

檔案：(5)

全村落的人，嘩然起來了！說甲先生怎麼可以如此呢！衆人都覺得受騙了！

乙先生於是向甲先生提出了，所謂的「誠信」問題。大家也覺得：「民無信不立」，認爲乙先生有理，全村子的人，都說：「要支持他競選到底。」而且簽名支持的人，超過了他須要的好幾倍。

檔案：(6)

全村子的人，都說：甲是理虧的。但是，甲卻提出另一種說詞：當初乙先生曾經說：「如果甲先生出來競選，乙就不選」。但是村民們對這種說法，認爲非常牽強，而且競選的是「公職」，那有兩人私下「授受」的？即使有也是不符合法理情的，而且，還有說話的—時間先後和地點與場合問題。所以，甲的這種「說詞」，全村子裡的人，在公私場合裡，都加以非議，認爲沒有說服力，更缺少公信力。

因此，乙先生仍繼續他的競選活動，支持他的人，也更踴躍而熱烈展開助選的工作。

案情的發展與研究：筆者和悟空先生一樣認爲有下列兩個前提：

1.甲先生說了「不選」，隨後又說：「要選」。

——明顯的是一種：「出爾反爾」的行爲。

2.乙先生如果說了「甲選則乙不選」的話。

——很顯然也有所謂：「違背承諾」之嫌。

案情研究：(1)

1.本案有一個共同點：就是甲與乙，都有所謂的「食言自肥」的現象。

2.其不同點是：甲先生的「食言」行爲，是屬於「顯性」的，公開的、自發性的；而乙先生的「食言」行爲，是屬於「隱性」的，私下的，被誘發或被激發出來的。

案情說明：(2)

1.基於上列案情發展：吾人可以作如此假設：

①甲先生如果不作信誓旦旦的宣布：「不競選」隨後又「反悔」，並堅定不移地說：「要再做一次」；顯然乙先生是不會有所謂「違背承諾」的事情發生的。所以，乙先生即使有「承諾」問題，也是被甲所誘發的，被逼而發出來的。

②基於時間場合的認定：甲「出爾反爾」在先；乙「違背承諾」在後，所以對於甲乙二人的「誠信」問題，就軒輊分明了。依常理來評斷也可以論定：你先不遵守誠信原則，他就沒有繼續遵守諾言的必要，故乙的作法是合理的。

③依據因果世俗的規律和「物有本末，事有終始」的道理，甲乙二人的「誠信」之辨，誰對誰錯，是不難明白的。因此，再次強調：甲出爾反爾在先；乙不甘被愚弄，因而堅定出而參選，職是之故，不僅沒有所謂：「誠信」，而且是合乎情理的。

2.基於圓融，完美的想法，也有人作另一種假設：

①甲背信、乙可以堅定地遵守「誠信」，這當然是，世間最圓融，完美的想法的做法，乙的道德，良心就沒有瑕疵了。

②另外也有人提出否定的說法，以爲今天這個小小的村落，已被甲這班爾虞我詐的人，弄得道德淪亡，秩序毀敗到了極點，若是任由彼等橫行霸道下去，一切都不

堪設想。

③君不見甲還反過來說乙先生，也有「誠信」問題呢？甲是把—因果，時地，先後秩序錯倒了。爲了爭取一項「公職」選舉，而是非不分，因果顚倒，黑白不辨，善意不別，寧非罪過，阿門。

所以，我們要大聲疾呼，大家要把神聖一票，投給乙先生。正人君子出頭領導，才是選民之福—阿彌陀佛。

一九九六年三月十日世界論壇報；同年四月十五日國是評論轉載

從「叩應」聲中的省思

一

在三月二十三號的晚上，我的一些學生五六人，走進了我的研究室，他們劈頭就說：「老師：您不覺得奇怪嗎？街頭巷尾、電視收音機裡的畫面和聲音，天天在罵李登輝；但是，他仍然當選總統了。您聽，外面正在放火炮啦！」我一時也不知說什麼好，只說了一句：「選舉的事，是不可以用常理去衡量和評斷的」。作爲安慰他們。

因爲，我知道他們其中有人，是剛從—「林洋港競選總統後援會」—那裡回來的：年青人意氣風發，感情純眞，我看到有人，眼淚還掛在臉頰上，我看到電視：總統選舉實況報導，現在又看見他們這些舉動，我心中的感慨，也是一言難盡的，只是不願多說，怕刺激他們了。

二

這以後的時間，每晚打開電視，各種CALL IN節目，十之八九，也都是指責李登輝總統和連戰院長，以及國民黨的不是，有些CALL IN電話，聲音高亢，情緒激越，率皆是恨之入骨的話，大有去之而後快的樣子。電視機的觀衆，也爲之激越動容。但是，我的確眞的不懂，既然有這麼多的人，恨他！不喜歡他！又爲什麼要投他的票呢!?

我在選舉前四天，從板橋搭計程車去臺北上課，司機先生說：「要換人做……國民黨做得太久了！」我問他：「那你支持誰？」他毫不思索的說：「彭明敏」。

坐在我旁邊的老張，眞的就從上衣口袋裡，掏出了一張名片，他說：「好！就算我們有志一同吧」！他把名片遞給了司機先生：「請你交給民進黨的施主席，我們是高中時的同學，交情不錯，你就說：—一切統、獨之爭，放在一邊，趕緊跟新黨和無黨籍的人士合作，同心協力，把李登輝拉下來再說，把國民黨打垮再說……

那位司機先生，深以爲然，他告訴我們：把你們送到上班的地方，我一定去民進黨中央黨部。

他回過頭來說：「這是唯一可行的辦法」！

三

(一)是的。假設這些CALL IN的發話人，是民進黨的彭明敏先生打的，那我要問您，臺灣島內有百分之八十到九十的人，反對台獨；而您卻硬要死抱著：「臺灣要獨立建國，要脫離祖國大陸」……您想想看，臺灣島上的人民，都是三四百年前或四五十年前，從大陸來的，祖宗的墳墓，親族和朋友都在那裡，你要人家如何割捨，而且近十幾二十年來，我們的父兄，多少人在大陸經商和就業，許多年青的子弟，在大陸讀書，其他結婚生子的人，就更多了，我們本來就是血濃於水的，爲什麼你偏要喊「獨立」！要「分裂」！這是不切實際的，我們的話你一句也不聽，要叫我們怎樣放心，把票投給您啊，現在在CALL IN中罵人，又有何用？

㈡是的。我也想到這些CALL IN，如果是新黨王建瑄先生打來的，那我也要說你，新黨建黨時間不長，基礎太薄，你是不應該站出來的，你這麼一攪和，把堅決支持在野的票源，把一些游移的選民的自主心，都攪亂了，既然出來了又游移不定，朝三暮四，說一些不著邊際的話，使選民們更陷入一種混沌之中，不知你們新黨，究竟想做什麼？既不知道化解低潮，又不能製造出另一個高潮，使新黨在此番「選舉風潮」中，孕育成爲一股「中流砥柱」的力量，讓所有參選的總統候選人，都不敢輕視您，而且又能在—最緊要的關頭—退出「競選」時，有我新黨支持，誰就成爲天下最大的氣勢……但是，你沒有做到，所以，您也不應該在CALL IN中罵人的！

㈢是的。如果是無黨籍的林洋港和陳履安先生CALL IN進來的，更是不可以原諒了，因爲：因爲這次選舉，在每一個島民的心裡，都已這樣的「共識」—國民黨太不行了！該是換人來做做看的時候了」！而且，在他們的心目中，的確暗暗地，看上了—林洋港先生的「老成持重」和那份「憨厚」的形象；也看上了陳履安先生的「鎮定沈著」和那份「清新」的樣子。認為「林陳」搭配競選正副總統，是理想的一個組合。但是，誰能料到，一向標榜—淡泊名利，一心向佛的陳履安，卻堅持要做第一、不做第二，拒絕了林洋港先生的再三再四的請求，和他搭配競選副總統，而且出言不遜，不接受別人的勸告，自以為：只要他登高一呼，天下百姓就會為他「三呼萬歲，黃袍加身」，這是他自不量力，過分矯情，害了自己、更害了別人，於是乎使總統競選，整個形勢亂了，為什麼？因為原先在選民們心目中的「理想配對」的想法瓦解了；失望之餘，民心士氣更沒有歸屬感了，更不知所措了。

㈣在選舉形勢紛亂，沒有理想的候選人之後，在不知所措，無可奈何的情況下，其現象是：①投民進黨不放心；②投新黨嗎？連候選人都不見了；③投林洋港沒有希望；投陳履安等於浪費選票；④在萬般無奈之下，只好—明知李登輝不好；但仍然投給他。因為選舉嗎？臨到投票了，「好」與「壞」總要圈選一個人嗎？因此，就形成了，雖然大家都認為—一定要換人來做—但是，在找不到合適的好人，只好退而求其次了，職是之故，我們可以肯定，李登輝的高票當選，就是在這種情況下而成功的！

所以，造成這樣的結果：民進黨不該喊台獨；新黨游移不定；無黨籍的的陳履安的過於矯情和固執……因此所有的後果，都是你們自己搞出來的，怪誰？自己找的罪，自己受；活該!?因為，大家預計：這次國民黨在丟掉大陸三十四個省之後，留下的一個臺灣省—這片賴以立腳的江山，要拱手讓其人了！就連國民黨自己，聽說也已經作出最壞的打算；不意在野人士的各候選人，不能協力齊心對付國民黨，而功虧一簣，難怪盼望「換人來做」的選民失望和痛心的！

四

是的。還有一個假設：如果這些CALL IN，也有一兩通是「八大老」之中的一二人打進來的，那筆者不禁要問：在李登輝想當第八任總統時，你們八位大老（現在只剩六七位了），不是曾聯手勸告林洋港：「你下一任做嗎？」那末爲什麼這一次，你們不站出來，說句「公道」話呢？是聾子？是啞吧？現在是否因兒子的職位不好！媳婦的位置欠妥？親戚朋友沒有理想的安排與照顧，又說話了！所以，假如，這些CALL IN中也有八大老人家罵人的話，這是不對的，因爲言不得其時啊！

五

㈤是的。CALL IN中，如果有農友、工人，或做小本生意的商人，以及像區區在下的教書人，就更不應該花這麼多的電話費去打CALL IN了。因爲：我們是「天生的輸家」，選那一個王八蛋，來當總統、副總統、院長、部長，不論什麼鳥長……都是一樣，他們吃定我們了！不是嗎？你種一塊地，要交田稅；你住自己的屋，要交契稅；坐你自己的車，要交牌照稅……那一樣少得了！即使你因爲忙，遲了一兩天，他們照章罰您！所以，我奉勸各位一句話，再不要去排隊CALL IN了，您罵得最兇、最多，他還是做他的總統、副總統、院長、部長……其奈我何!?「是你自己要選我的嗎？」他說。

一九九六年五月五、六日世界論壇報輿論廣場

反對《一定要》有理！

我們人有許多問題，有許多需要和慾望，在解決這些問題，滿足這些需要和慾望的過程中，必然會發生矛盾對立的現象，而從這些「現象」中，又必然會產生「贊成與反對」的意見；這是很正常的、很自然的，不是受了德國哲學家愛因斯坦（Einstein）所說的：「宇宙間的一切之動，皆爲相對的」。比如說：黑之與白；明之與暗；大之與小等的影響，而刻意製造贊成與反對的立場。所謂：爲反對而反對。反對與贊成，既是人性中所俱有，而且因事、因人、因時、因地而不同，而有所謂「反對與贊成」的發生，那麼先決的條件，應該是：「一定要有道理的！」

基於此，我要提醒兩岸「搞反對派的人士」一些「箴言」：

不管您，搞政治改革也好，搞和平演變也好：任何活動，總要深體祖先、開拓疆土、建立國家的艱難。生當今世，不管您，身立何處，職司何業，您要竭盡心力，您要忍辱負重，善盡炎黃子孫的職分。去從事各種政治活動，去抗爭，去反對。只要您—不搞居民自決；不搞分裂國土。不喊西藏獨立、不喊台灣獨立，我們都同聲呼應，同感欽佩；

因爲，我們也深切了解，任何一種制度，任何一個社會，都有問題存在的，因此：

您們喊：「自由」—我們贊成！

您們喊：「民主」—我們擁護！

您們喊：「平等」—我們更支持！

您們說：「要消滅貪污」—我們鼓掌！

您們說：「要打倒特權」—我們更歡呼！

甚至說：「喊反國民黨、反共產黨、反民進黨；反李登輝、反江澤民、反施明德……

……都沒有什麼不可以或犯忌，一言以蔽之，所有的反對都是有理的。不過我要強調：就是「分裂國土、鼓吹獨立」不行!?因爲，這種行爲，是反常情、反常理的；是反歷史、反文化、反中國，甚至是反人性的；一個人愛鄉土、愛國家、愛民族、愛同胞……乃是天經地義的，一個立志決心投入政治活動生涯的人，必須建立這個起碼的觀念與共識。這是一種情操一種風格。

總之，您如果已經投身於反對的行列，您始終要記住一句話：「反對一定『要有道理』」，比如說：在臺灣一些反對派人士，在開會時，反對使用國語，要用閩南語，來表示反對的意識和情緒，這實在沒有道理、反而顯出他的淺薄與無知，層次很低，有些人在他情緒激動時，竟然說：「臺灣人不是中國人」，這更是無聊，反對得更離譜，何止淺薄無聊而已，簡直忘了自己是誰了！請問：國語，是國民黨的語言嗎？中國，更是您和我自己的啊，做個反對派，反得連國家、連民族、連同胞也不認了，不要了；那有這種反法!?像這種反對派人士的智慧、品位、層次……實在太低了。

在大陸上的一些反對派人士，也是一樣，包括方勵之這一票人物在內，尤其方勵之，既立志要領導人民，爭取自由、民主、平等（姑且這樣說）人權運動，好不容易把反對的資源滙集了，把風潮掀起來了，場面擴大了，正在緊急危難之際，他卻丟下萬千從衆，千方百計一走了之，尤其躲到美國大使館去，這不僅說明了他們，對爭取民主、自由、平等、人權，沒有必死必成的決心，同時更表現了他們怯弱、退縮、不負責任的心態，如果，他們對當時的情況，能勇敢地付出，結果如何吾人不欲估計，至少，這樣的「民主鬥士」，是應該受人尊敬的！

同時當一個民運領袖，應該有足夠智慧，對一個運動如何開始？如何掌握？如何收場？應該要有通盤的考慮，當中共中央派趙紫陽，親自到天安門宣慰之際，條件談了，目的達了，就應該「見好就收」的，否則就不會讓有關領導，惱羞成怒，下令「格殺」了。

說句良心話，我很同情中共政府，我更同情被犧牲了的學生，因爲領導民運的人太愚蠢了—您們的使命或目的，只是在爭取民主、自由、平等、人權，而不是外國人心眼裡所想的：想把中國弄垮才高興啊！我無意指明那一個西方帝國主義者，在後面策劃指使，但我的內心的確，非常氣憤、非常怨恨，我們中國的反對派人士，爲什麼總是千方百計，想要跟外國的侵略力量，糾葛在一起呢!?說得難聽一點結合外國的勢力，來打擊中國自己的同胞，甚至說搞垮自己的國家，那有這種反法!?

不過話得說回來，兩岸政府的領導人，大陸的毛澤東、臺灣的蔣介石（死了不必說他們）—但是雙方的後繼者，都應該痛下決心，深切反省、檢討才對，君不見大陸有藏獨；臺灣有台獨；推其原因無他，就是國民黨和共產黨相互爭吵，鬥爭幾十年，老一輩煩厭，新一代怨恨，你們一個要「一黨獨大」；一個要「一黨專政」；他們有的人，既不是國民黨，也不是共產黨，卻硬被兩黨—壓抑和宰割，於是膽大一點的人，就硬著頭皮，站出來高喊：反國民黨、反共產黨了，偏激一點的人，甚至高喊：「要獨立自主」了！因此，有一部份反對派人士，是被逼出來的！淡化一點的說：只是一種意氣，一種情緒……如果，眞是這樣，只要兩岸政府的領導人，將領導的政府，施行的政策、制度、法令、規章，儘量的做到合法、合理、合情……一切都制度化、法令化、反對的聲浪也許就會平歛了，暴戾之氣，也會消滅於無形了。國家統一之日可期，和平相處的盛世生活也有望了。我含淚行文至此謦香禱之。

一九九五年三月廿三日

一九九五年三月卅日世界論壇報暨聊天雜誌轉載

千島湖慘案說詳

一、題記

千島湖在浙江省淳安縣，原名新安江，又因它是錢塘江三大支流之一，所以也稱它爲富春江；而千島湖，是因爲新建新安江水庫，將兩岸的高山峻嶺，全部淹沒，高峻的山嶺，露出在平靜的湖面，就成了無數的小島，因此—「千島湖」這個美麗動聽而又充滿神秘誘惑的名字，乃是完全針對觀光旅遊的需要，把原來新安江、富春江，這兩個舊有的地名廢了，改稱爲現在的「千島湖」。

爲了招徠遊客，在千島湖之外，復加上安徽的「黃山」進一步喊出了：「山水連線」旅遊。—從安徽省的黃山經浙江省的淳安—建德至桐廬，可以直駛杭州西湖。

這條「山水連線」的觀光路線，一路上：青山綠水、千崖萬壑；晴天朝陽迎輝、夕陽斜照，一舟蕩漾，眞如神仙；如遇天雨、日星隱曜、高山潛形，氣氛氤氳，烟霧瀰濛，眞是風景幽美綺麗到了極點。

我們如果再將千島湖水域，所包括的—淳安、建德、桐廬的歷史，向上追溯，這一大片地區，史稱嚴州，自古即是詩人名士，歌詠吟唱的勝地。漢光武帝最要好的同窗契友—嚴子陵，就是堅辭欽命「諫議大夫」高官不做，而避居到桐廬一個石洞—隱居垂釣的。北宋的范仲淹，也做過嚴州的州守，他的那一篇「嚴先生祠堂記」中，膾炙人口的名句：「雲山蒼蒼，江水泱泱，先生之風，山高水長」。這「雲山蒼蒼，江水泱泱」，就是指的現在千島湖這段水域。

歷史上另一位赫赫有名的愛國詩人陸放翁，也做過嚴州的州守，據說：受命前夕，孝宗皇帝，還親自爲他御言：「嚴州乃山水勝境，職事餘暇，可以賦詠自適。」可見千島湖風光幽美、景色綺麗，連帝王君相，都已經注意到了。

今天的千島湖，能如此吸引中外，觀光旅遊人士的嚮往，爲中國增進大把大把的鈔票，「千島湖」這個名字取得好，固是原因之一；其實，更重要的還是千島湖的本身，所具備的天然景色，所形成的「自然風景」。一般喜愛觀光旅遊的人士，看厭了用人工雕砌而成的「人造風景」，一旦看到這美景天成，自然的湖光山色，那有不從內心，發出讚美與嚮往，而趨之若鶩了。

二、千島湖的嗚咽

三月三十一日　傍晚　天雨

遼闊的湖面淫雨霏霏，景色淒迷是吳黎宏、胡志瀚、余愛軍三個惡棍暴徒

長久以來，期盼、等待的好時刻
三顆罪惡的心，三對燃燒凶燄的眼睛
六隻血腥的手；駕一艘摩托快艇；
端著獵槍，執著銳斧
從安徽的黃山，一路來到了新安江、淳安縣
在廣袤的千島湖水域—追蹤、搜索、——千島號過去了
——黃山號又過去了
現在是傍晚六七點，天色更加沉暗、陰霾
湖面能見度更低了！遠遠的——…
巔巔巍巍的「海瑞號」來啦！
他們用狡詐的手法登上船
「開槍」！先制服了大副、導遊
進一步把所有的人逼下船艙
——威脅、恐嚇、搶奪、劫掠……
最後，燒船；殺人滅口……
——三十二條同胞骨肉的生命就這樣活生生的被燒死了——
這是凶殘的、惡毒的；慘極人寰的凶殺案

基本上是特殊的、意外的、偶發的事件
更是明顯的、嚴重的、殺人劫財的重大刑案
你！爲什麼猶豫　爲什麼遲疑隱瞞
爲什麼不立刻就把責任扛起來
——向全世界宣布：「給我一點時間；
我一定能把凶手找出來……
中國幅員這麼廣；人口這麼多
有幾個地方治安不好、欠安寧
有幾十、幾百、幾千個惡棍暴徒壞分子
這也——乃是屬於正常；沒有不能公開說的
——一經猶豫、遲疑、隱瞞……
就造成了今天這種兩岸同悲的杆格局面
罹難者的家屬及親友
那千萬顆眼淚
那千萬聲哭喊
無數的—失望、冤屈而受創的心
昇化成縷縷的咀咒、怨憤甚至敵意

——這是浙江當局處理不當所造成的結果
——那三個凶惡、殘暴的劫匪該殺
但是，那些顢頇誤人的官員，更應判處重刑
爲不能當機立斷、不敢擔當責任者戒！

三、臺灣島的激情

慘極人寰的惡耗傳抵島上
震驚！哀痛！悲戚！憤怒，是自然的
人命關天，還有那件事比生死重要
沒有人來安撫罹難者的家屬
更沒有人提出：療傷止痛的良法
只聽得「一團騷然言不及義」的指責和漫罵
——說是中共公安幹的！
——說是人民解放軍幹的！
他們——草菅人命！
他們——漠視人權！
甚至連「土匪」也罵出來了

還公然的「搧風點火」要老百姓起來反抗
顯然；說這種話是過於衝動有欠考慮的
亙古以來就有「行船騎馬三分險」的明示
凡事不能預知，誰能保證不生意外
因此，激情之後應是檢討反思的時刻了
「海瑞號」遭劫殺的湖面寬七千餘米
水深五〇餘米，而且四周無人煙
在這一水域活動的船有六千艘以上
這宗殺人滅口的無頭案，就發生在這環境中
誰都知道這種不幸事件不是有意製造的
但就有一些人卻硬要藉題發揮故意抹黑
此時若能沈下心來檢視自己多年來
許多的沈案、冤案、懸而未破的原因多好
遠的不說，什麼捷運、十八標、中油啦！
尹清楓命案，人證、物證，俱全
眼見時光流逝，眞凶究竟在那裡
臺灣保警不也悶死人家五十條人命

華航昨天一口氣，把人家摔死二百六十多個

卻不見有人說：「草菅人命；漠視人權」呢

唉！人的這兩片「舌翻蓮花」的嘴呀

難道天生就只會漫罵別人而不說自己!?

附記：千島湖劫命案，已於四月十八日宣布，從案發至偵破，只費時十七天，比起臺灣的破案效率，迅速多了。

一九九四年五月十五日世界論壇報發表

從法務部長的「關說」說起

我們這個社會，本來就是一個「濫情」的社會，千百年來，習慣流行一句老話：就是「情、理、法」嘛！因此，任何事都把「情」字，擺在第一位。說得好聽點：「人情味頗濃」；說得壞一點：就是「人人心裡充滿了自私。」您想：這樣一個到處都是「自私」的社會，您要他能好到那裡去？

這些日子來，大家都在相互「詢問」，蕭天讚究竟有沒有「關說」？其實這種詢問，它的本身一點道理也沒有，如果你也這樣詢問過別人，也就顯得你自己的淺薄了！因爲「關說」這種事，憑良心說：它幾乎整天在人與人之間流行著：筆者本人在一個學校教書，碰到熟的朋友就會說：「我的老么在您的學校，多照顧一些啊！」這是「關說」。李登輝先生是國民黨的主席，他約見臺北縣的該黨負責人：「臺北是個大縣不能失敗啦！」這也是「關說」。所以「關說」的本身並不是一種「罪過」，而是在「關說者與被關說的人」的心意與企圖。

當然，以蕭天讚和何敏之間的案例，引出的「問題」雖不能說是可資「垂範」，亦可以說：是今日社會的一種活生生的教材了。

其實，蕭天讚爲法務部長，而何敏爲教育部一個科長，如果這種「關說」來自教育部長，明顯地可以解釋成爲「壓力」：我們現在姑且肯定蕭天讚是「關說」了，但是何敏是可以拒絕的，可以拒絕爲什麼沒有拒絕，顯然這種「關說」的內涵，是頗引人懷疑的！

這是屬於「蕭天讚和何敏之間的問題」，也是屬於「法」的問題，爲避免引起麻煩，我們按下不表。

在這項「關說」案中，我們覺得有幾件事，有逾越常情，逾越常理，也逾越常規的現象，好像有提出來檢討的必要。第一：在關說案發展之初，就有一批監察委員，慌不迭地，公開發出安慰蕭天讚的舉動，我們認爲不僅過於激動，也可以說是「莫名其妙」，我們之所以如此「言重」的說，乃是身爲監察委員，居然不知「職所何事」!?實在令人遺憾！

第二：蕭天讚身爲法務部長，在事件沒有十分明朗之前，就毛毛躁躁地，跑回故鄉嘉義，向上萬的鄉親好友，大喊：「我蕭天讚沒有關說」！我們覺得這是非常失態的事，一個法務部長，應該要有涵養功深的氣質，細密忍耐的性格。我們認爲，即使明知是被設計「陷害」，也應從容不迫的以法、理、情來表達自己的委屈，才是正途。

第三：對於「關說」這一事件，法院偵察也好，調查也罷，這是屬於地區性檢察官的事，高檢處的檢察官，卻也以天馬行空式的，硬冒冒失失的插進去，又說是「立場超然」什麼的，我認爲不僅不是「超然」而是明顯地侵犯了，當地檢察官的職權，起碼也是「不按牌理出牌」的一種作法，容易落人口實的。

第四：「關說」的承辦檢察官，接了案子後，卻不知爲什麼原因請假了！另一位自動調查的檢察官，要想借調何敏去問話，卻遭看守所的拒絕，原因是沒有洪檢查官的許可，或者說「同意」。

在這個「關說」案子中，我們清楚的看出，除了第一高爾夫球場的老闆和何敏可能是學體育的外，其他人都是學法律出身的，很不幸，他們的所作所爲，或多或少，或深或淺，都是在「違法亂紀」的邊緣打轉。想到這裡，我們不禁要向老天大喊：「我們這個社會」，究竟什麼時候，才能夠達到「法治」的境界。—他們這些學法律的人，懂得法律的人，自己都不去實行法律，維護法律，法律又從那裡來「表現它應有的尊嚴!?」嗚呼！「徒法不能以自行啊！立法和司法的大人們，加把勁吧！」走上「法治」的路，尚頗爲遙遠呢!?

一九八九年九月十七日自立晚報輿論專欄
一九八九年九月廿三日統一日報「學者專欄」發表
「我們這個社會」專欄系列之一，原署名：賀蘭大風

從高球場、到操場、六輕、蝸牛說起

從「關說案」，這個「黑盒子」被迫揭開來之後，更明顯地，發現我們這個社會，到處充滿了無奈，以及充滿了諷刺與許多好笑的事。

學校沒有操場，孩子們在走廊下站著升旗，下課了要活動，也只有將牆壁當作「球籃」、劈啪劈啪向粉牆上投擲，整座粉牆，儘是圓圓點點的「球印」；教室太少，孩子們被當成沙丁魚，肩碰著肩，前腳尖接著後踵；頭頂著背，偶一不愼，墨水就濺滿你一身，白色的襯衣紅一塊、藍一塊，引出學生間許多的糾紛；廁所不夠，每一節課，下課鐘聲剛起，每個人沒命的向廁所衝，排不上隊，進不去，可憐孩子們只好把屎、尿拉在褲襠裡，當時孩子們臉上的那一種無奈，那一種羞愧；沒有人來管!?

台塑公司，要增設一個「六輕」，說是對「國計民生」及臺灣的「經濟發展」裨益無窮，卻硬是找不到一塊空地，人家王永慶也再三保證，要將環境保護工作，做到最好，而那些吃政府飯、拿政府錢，而有權說話的人，就是看不見一個人敢伸出頭來，舉起手來，張開嘴巴……說句公道話，表現一點政治勇氣，擔當一點政治責任。

無數的低收入者，買不起房子，即使用薪水的三分之二，或二分之一，租來了一間小屋，也受盡了房東奚落，今天斷電，明天斷水，活得不夠舒坦，永遠比房東矮一截；有結婚四十年，而今仍沒有一個屬於自己的窠者，因此，他們想到自己比蝸牛還不如？

一九八九年九月廿三日統一日報「學者專欄」發表「我們這個社會」專欄系列之二，按：本文有上下二篇，下篇遺失，原署名：賀蘭大風。

「百年大計」操在督學、校長的手中？

不久以前，參加過一個有關「教育改進發展」方面的會議，會中許多校長和教師們，都提出很多問題，我發現一些教師們的話，尚屬中肯，一些校長們的「高談闊論」，就不敢領教了，不是蒙上欺下，就是郷愿意感濃，刻意粉飾，嚴格地說：有幾位校長的話，對討論的主題，不僅不著邊際，對現行教育上出現的問題，可以說「毫無了解」。把「百年大計」，交在這些膿疱手中，我們的教育前途，國脈民命，亦將不知伊於胡底矣！

尤其，一位督導，居然在會中，大言不慚的宣稱：現在的中、小學教學，已經「正常」了。

這位督學說：各級學校，都能遵照：課程準標，排課施教；參考書也已嚴禁使用；測驗試題與考卷，也沒有發現：這些績效，都是校長先生們，付出的辛勞，獲致的結果。

聽了上面這些話：教師知道，學生知道，書商知道，其實，家長們更知道：這位督學是昧著良心說話的。

不信：你去任何一個學校查訪一下，那一個學生的書包中，沒有參考書!?那一場測驗課，不用市場批印好的測驗卷!?一本一冊的，從第一課到最後一課，那一個題，不是印得好好的!?

有些學校還公然請印刷老闆，乾脆把自己學校的大名印上去，說是「××科教學研究會」印製。眞是公然舞弊。

如果政府中有那一位負責的官員，肯隨便在馬路上攔下一位同學，檢查他的書包，什麼—英文進階、國文衝刺、理化突破、數學焦點、霹靂……震盪花樣繁多，應有盡有；如果，您還怕麻煩，不妨就在自己家中到孩子的書架上一檢查，不就更明白了！

督學先生：您能說參考書已不用了，測驗卷禁絕了!?因此，我們可以這樣說：不是這位督學，從未去過學校，就是他根本未負起督學的責任。

有一位校長也說：自國民義務教育實行後，「惡補」沒有了！這更是天大的謊言！看官！您結了婚，有兒女了吧！不說高中、國中，就說小學吧！您沒有替你家老大交過補習費嗎？替老么繳過輔導費嗎？

君不見小學生、國中生從學校出來，就跟在老師的後面，走進了老師的家，走進了老師在學校附近，租的一間小屋，三四十個人，擁塞在一塊，在「惡補」嗎？政府說：抓到了老師記過、校長申戒。有個時期雷厲風行，還說：老師解聘！校長撤職！請問解聘了誰!?那個校長又撤差了!?喊歸喊，到最後總是算了。

說實在的，「惡補」在最初造詞時稍嫌尖銳一點，其實，正常的輔導，也不是什麼壞事，只是太商業化了，競爭得太激烈了。已到「義、利」不分的地步，就令人擔心啦！高中補、國中補，小學補，最可怕連幼稚園的三、四歲的小孩也拚命補了！怎麼說還不嚴重!?

爲要應付各種考試，我們這個社會—教師、家長、學生，對補習已經走火入魔了，說眞的已把「教育」引入入了一個死胡同，危險地導入「邪門」之中！但是還有人在說：學校教學已經正常了！學校已經沒有惡補的！能不覺得驚異!?

一九八九年九月廿三日統一日報發表
「我們這個社會」專欄系列之四。

談民進黨林正杰的「綠色思想」

——復楊祖珺女士來函

最近民進黨林正杰先生的夫人楊祖珺女士，站在「統聯」的關係，寄來了一封信。信中告訴我：林正杰先生的競選主要政見是以「綠色思想」爲核心，針對——「㈠人與族群；㈡人與自然；㈢人與社會；㈣人與國家；㈤人與政府」——五種不同的關係，進而提出了相互對應的方法：是——⑴「臺海和平新關係；⑵省籍融合新社會；⑶生態優先新環境；⑷社會正義新秩序；⑸草根民主新政治」——這五大訴求。在電話中她特別強調，是她夫婿林正杰先生，根據德國的一種哲學思想，演繹出來的，希望大家支持。

我看了她提出的對應方法，雖然「新這個，新那個」初讀時有點迷惘；但仔細研究，倒還頗爲實際，沒有聽到那些膚淺低級的喊叫：居民自決，臺灣獨立一類的無聊口號，雖然不是心儀，但也卻以爲然。我是說：倒也不失爲理性。我總覺得這一兩年來，民進黨的口號，是越喊越遠了！偏離了吾人的目標與理想。

執政黨要理性，作爲一個反對黨，更應十倍如此，才能贏得人民的信賴與尊敬；因爲，執政黨有缺失，而且缺失太多，您們才來反對嗎？否則，您們不是多事!?

國民黨把持政權幾十年，有許多缺點，這是無可諱言的，否則它也不會，從大陸給人趕出來，這道理是每一個人，都能理解的；不過，在臺灣這四十年來的成就，也是一個事實，也是不能抹殺。

我們要說明的是：一個政黨掌權的時間太久，缺點也就愈多，假如再加上一些領導人士，私心自用，專橫獨裁，腐化的程度就更嚴重了，國民黨不得人望，也就在這些地方。

所以，一般百姓大衆，也就自然地，盼望有一種強而有力的團體產生，期然對國民黨，相互競爭，相互牽制，達到政治環境力量的平衡。

基於這一理念，我們對民進黨，或任何其他有理想、有抱負、有能力智慧爲國家開創新運，爲人民謀福祉的組織和團體，願提出如下的呼籲：

您們喊：「政治民主」：我們呼應！

您們喊：「生活自由」：我們贊成！

您們喊：「工作平等」：我們支持！

您們喊：「打倒貪污，消滅特權」：我們更舉雙手！

但是！主張「國土分裂」、「居民自決」，胡說什麼：「臺灣獨立」！我們就要堅決反對了！

因爲：這是做人沒有原則；作事乖離倫常：處世沒有標準，心靈缺欠人性的背逆行爲。反國民黨！反政府，反成這個樣子，把自己陷於大逆不道了！眞是悲劇。

中國是一個多民族的國家，千百年來，爲謀求和諧，追求團結，達到統一而英勇奮鬥的仁人志士，的確可以說是「前仆後繼」，爲什麼他們能作如此大的犧牲，因爲統一乃是每一個中國人，夢寐不忘的理想，也是一種責任，一種必然的趨勢與結果，任何人不得抗拒，更不容違反，否則，即爲歷史的罪人，誠百死莫贖。

最後，願以此原則，敬陳林正杰先生，同時也願意敬告民進黨其他人士，——「爲爭自由、爭平等、爭民主、爭權柄，反國民黨、反政府，並沒有構成什麼罪過，但反國家、反歷史、反文化，就罪孽深重了。」

君不見，那個曾經說：「臺灣人不是中國人」的人，現在已不能見容於鄉里與國際之間，無以爲家，流離失所乎？是爲戒。

一九八九年九月廿六日統一日報發表
「我們這個社會」專欄系列之五。

不容坐視資本家操縱壟斷「建築用地」

房價爲什麼狂飆？誰實爲之，孰令致之，說穿了，就是出自政府本身的顢頇誤人，因爲他手中握有尙方寶劍，卻從未發揮它的力量。等如縱容和坐視一些投機的資本家先操縱與壟斷了「建築工地」，後又控制把持了「房屋市場」，弄得一般低收入戶，一生「買不起一間房子，也租不到一個斗室」的地步。說來實在令人心寒。

雖然，有關當局，天天喊，天天討論，有關當局，最近不斷的發布一些，打壓房價的「利空」消息——包括課重稅、追查購地建屋資金的來源、一年內房子不得買賣，以及喊了多少年的徵空地稅、空屋稅……等等。這些作法，絕對有用的，但是爲什麼在三民主義中，最最有用的法寶「照價課稅，漲價歸公」卻忘了，反而棄置不用呢⁉如果，從實施「耕者有其田」的當時，就嚴格執行，那有今天這種情況⁉由於沒有做到漲價歸公，一些投機的商人，先看準了土地「將來一定寸土難求」的趨勢，就把所有的錢，投資在土地上，建築房子，高價出售，賺飽了錢，又繼續作各投資，而政府又坐視不加管制，於是惡性循環，社會的經濟秩序，都被這些人搞亂了。這些「地蟲」、「房蟲」錢太多了，爲了保護個人財產，又花錢競選民意代表，他們原來滿身銅臭，復都出身微賤，社會地位並不高，爲了要達到當選目的，就花錢買票，有人花了兩三億，才當上民意代表，於是臺灣辛辛苦苦經營起來的一點點「低度的民主基礎」，彼他們破壞了，社會善良的風氣，也被他們「投機」得來的錢，摧毀得蕩然無存了。因此，我們可以斷言，這些「金牛」不除，社會幾無安寧可言。政府官員既然天天高喊：「三民主義統一中國」，那小小的一個臺灣，要實行一部份的「三民主義」精神「照價課稅，漲價歸公」都無法實現，能無愧爾!?

既是「政府」就要有力量；既是「官員」就要有官威，把魄力使出來吧！立刻實行：照價課稅、漲價歸公，追查他們的錢，是怎麼來的，做了些什麼？又流到那裡去!?把每一個「建築公司」、「房屋仲介公司」以及新起的萬惡之首的「投資公司」的老闆請來，請他們說說他們發財方法，經營的理念，到底「訣竅」在那裡!?爲什麼他們能在三五年之間，能成「巨賈」!?十餘年不到，又「富可敵國」？就以「鴻源」來說，不到七年，居然積資百億千億，政府說它是：以不正當的手法吸收游資，又以投機的作法，操作股票，炒作土地和房屋……有力的政府啊！您爲什麼不管!?爲什麼不立刻取締!?是官商勾結!?抑是投鼠忌器!?

其次，臺北的一屋難求，第一是機關太多，學校太多，機關多，學校多，人就多了。中央政府的各院、部、會、爲什麼不疏散到郊區，像聯勤遷移至南港，陸總遷了移到桃園龍潭，不是很好？不僅平衡了城市與鄉村的發展，同時也疏散臺北的壅塞。

至於學校，我們建議，全部（小學例外）移入山區，是最好的作法，在山區蓋學校，蓋教師宿舍、眷舍和大量的蓋學生宿舍和餐廳，星期假日，放學回家，有方便快捷的交通就行了。雞、鴨、魚、肉在城市購買，蔬菜瓜豆由學生勞働種植，山中空氣新鮮，環境清純，最是好讀書的地方，山峰瓣瓣亭，山泉淙淙響，深山有弦歌，讀書樂無央，這情調有多好，這樣房價不僅會降低，這樣交通也不會壅塞。

走筆至此，又見報紙中夾來了一張私家廣告單，且聽這廣告怎麼說：政府用各種政策，打壓房價，不必怕，不要大驚小怪，如您是投資者，宜採取守勢：市區地少人稠，房屋抗跌性強……銀行利率約在12%至13%之間，比兩三年前利率漲了一兩倍，因此，不論政府政策對或錯，但有一個事實，就是房屋的成本相對地漲了一倍或二倍了。最使人驚心的，是這則廣告又說：「準備錢，本研究室大膽的預測，郊區的中古房屋，也要補漲了！」乖乖，這說法，眞是道高一尺、魔高一丈了，誠乃値得「決策人士」的警惕啦！如何來對付呢!?要費思量了。我們認爲：

上策——治本。中策——標本兼治！下策——治標！這也是最愚蠢的做法啦！

一九八九年九月廿七日統一日報發表

「我們這個社會」專欄系列之六。

談股票市場

是誰製造了，股市的怪異現象

是誰破壞了，正常的交易秩序

股票市場，本來是「經營者」獲致資金的好地方，但是我們的股票市場，卻因爲賣、買股票手法的特殊，投資環境充滿了投機的氣氛；公司當局通常不供給正確資料，買賣股票的人，也不去設法了解公司的經營狀況，一心打聽「明牌」，兩耳只聽「耳語」，因此「謠言、小道消息」，圍繞在投資者的四周，主導了投資者的意願，他們捕風捉影，隨大戶，炒手進進出出，碰巧跟對了，撈上一筆，被大戶、炒手甩掉了，就被緊緊套牢，或弄得血本無歸，眞是冤枉。

昔日用功研究投資策略、分析走勢、看圖、畫線的投資人，已經被認是「迂腐的傻瓜」；而盲目地咬住大戶、炒手傳來的「消息」。進出市場，買賣股票的人卻大行其道，殊不知大戶炒手，也是來撈鈔票的人呢!?他們把所有的「眞實」的消息，告訴你，他自己賺什麼!?想清了這一點，才不會吃虧上當的！

由於只聽「消息」做股票的人特別多，所以市場上最流行的話，就是：「股票爲沒有道理的！也不講道理的！不信你且看看：上半年財務報表公告的公司，除了全額交割股之外，發現嚴重虧損的：台鳳、台機、嘉蓄、裕豐、大魯閣、麗正、民興、利華、宏洲、南僑、華電、榮化等十幾家公司，而奇怪的是：這些有嚴重虧蝕的公司股票，卻反而猛漲個不停，而賺錢的公司的股票不漲反而跌了！爲什麼會有這種現象，誰在那裡作怪，是市場的大戶，投機的炒手、股友社、地下投資公司的惡意拱抬所致，尤其一些小公司、資本額少，由大戶們翻雲覆雨，製造消息，趁機炒作，往往將公司裡的股票，在一週之內，可以全部換手一次，這種恣意炸作、肆意進出、惡意拱抬，而政府主管當局，卻坐視不顧。而整天在那裡將稅則改來改去，使「人爲的炸作」，愈演愈烈，越走越入魔了。

因爲，主管當局不管，因此那些有錢人，能操縱市場的人，它們每天可以事先製造「消息」，派人傳送「耳語」，它們可以肆無忌憚的散布「謠言」，打擊市場；他們更可以大膽地發布「利多」新聞，等聽的人多，跟之者衆，就製造出「高潮」，然後趁機又「利用」，這自己製造出來的「高潮」，錢就滾滾而來了。

君不見市場中，什麼「錢訊」，什麼「快報」，什麼「先探」、「這個賺錢專冊」、「那個賺錢秘笈」，到處亂飛，一份普通日報每月一五〇元，嫌貴；一份八開的、對開的「股市、財訊小報」，每月八百、一千，還洛陽紙貴，買不到手。除了小報紙，還包了一家私營電台，一個黃金時段，每晚九點，也在那裡大呼小叫，提供這個公司，那家股票，股友們只要聽到，電台的小姐報告了，第二天進場，不管三七廿一，漲停掛進，一句話，看報紙、聽廣播，進進出出，賺得不亦樂乎!?說開了，這些小報紙，精裝「財經」刊物，和電台時段，還不是那些「大戶」、「炒手」、「股友社」、「地下投資公司」，在那裡作怪，他們從股市「掠」來錢，共同集資，來辦一份小報，買一個「時段」，一個漲停板，就綽綽有餘了。你不相信，且看有多少開業證券公司，不是標榜和什麼「報」、什麼「刊」合資的嗎!?

職是之故，政府訂這個法、那個法，無非整那些「小魚小蝦」的散戶而已；那些「豪門巨賈」、「無限金主」，那些「超級大戶」、「高強炒手」，總是最大的贏家。其實，政府如果有心做到公平、公正，應該把上市公司的經營情形，財務結構、產品銷路、獲利能力、股金分配，甚至人事動態，都能主動地，按時公布，並且分析，讓投資人考慮，自行選擇，才是眞正的負責作法。要穩定市場，先要掌握國人財富的來源，然後追蹤掌握他們資金的流向，作怪的現象，也許就會少了。

一九八九年九月廿七日統一日報發表

「我們這個社會」專欄系列之七

糾正考試領導教學的現象

今天，中、小學的一般課程的教學，無可否認的，都是盲目的，緊咬著考試的尾巴，窮追不捨，以考試的趨勢，來決定教學的方式與內容。這就是說：高中考試的形式，以及命題的方法，決定了初中課程的教學；大專聯考的方式與內容，同樣影響了高中的教學方向。簡言之，高中如何考、初中如何教；大學如何考、高中如何教；任憑考試的方式如何變，任課的老師和學校，就得千方百計，去尋求方法來適應。不如此做，升學率差，任課老師名譽掃地，學校也跟著受到社會的指責，說是升學率不高，教學不力…………，雖實爲之？孰令致之？無疑的，我們可以肯定的說：就是時下的各種惡性的考試所促成。更由此形成了今天這種升學至上，考試第一的各種醜陋、惡劣的教育風氣。

雖然，義務教育延長了，四育均衡發展的目標也訂定了。但其效果如何呢？我們知道：升學競爭的激烈，仍是有增無已；學生們因過重的學業負擔，仍嚴重地損害他們的健康：一般學校仍把音樂、美術、工藝、童訓、家事、生活指導及體育等，各種技能課程，等閒視之，聊備一格；因而導致各級學校、技能教師的嚴重缺乏。其原因當然是：

小學、中學，沒有注意培植，以致後繼無人了。

故今天，不喊要求教育革新則已，要談革新教育，必須首先改善考試制度，以及考試的方法與內容。考試技術與方法，改善了，教學才能正常，教育在正常的教學下進行，教育的目的與功能，庶幾可達矣！否則以延長義務教育，來增進與提高國民知識水準之理想，永難實現，如任令今天的考試方式，繼續領導教學，吾人誠不願預計，此種考試要把教育導向一個什麼樣的境地？殊實令人躭心！

如何擺脫考試羈絆與控制，實有深切檢討的必要。依我個人的看法，我覺得在檢討改善此一問題之前，下列三點，必須首先予以重視：

第一、痛心決心，整頓私立學校和補習班組。按私立學校及補習班之設立，乃在補助公立學校之不足，而今天各種補助班組及少數私立學校的所作所爲，均未能符合這一理想，反而爲公立學校，甚或教育當局，增添了更多的困惑與干擾。爲了教育的正常發展，和保持良好的教育風氣，教育當局應嚴格規定其不得任意增加教學時數，依照課程標準，排課與授課，嚴禁惡性補習，不得超收不正當的費用，不准舉行入學考試（最好不准私校辦初中），一切教學設施，必須合情合理，藉與公立學校，在並行不悖的情況下，相輔相成，爲教育的發展的進步，各盡其力。

對於少數的私立班校，依仗特權，不遵守政府法令，應嚴予糾正，如此次被勒令退還超收費用時，有些學校，竟膽敢聲明：「即使停止招生，亦不退費。」如此狂妄，不知悔悟，有關當局，實應立刻撤銷其立案，不僅關閉其學校，更應查封其全部校產。

第二、爲消弭升學競爭，應普遍設立各行各種的技能學校，使學生能各就其興趣與環境，自己選擇自己喜愛的學校，入學就讀。如此不僅可以減少升學的惡性競爭，同時，在升學時，能各得其所，將來就業時，因有一技在身，也就能各展所長，爲社會減少許多問題。

第三、考試方式與內容，必須澈底改善。由於考試的方式過於單純，祇憑死背、死記一些單句、名詞、地名、人名、物名，記得多，背得多，每考必中。至於是否了解能否運用，那就是另外一回事了。因此，考試之後，有人離家出走，有人精神分裂，有人跳樓自殺，這些學生，不是低能，而是抗議這種考試，并不代表公平。所以，我們覺得考試與教學，應採取相互的配合，而且要做到「教學支配考試」，這才是教育應走的途徑，知識學術，才能顯露曙光。

考試乃是爲了測驗教學的效果的一種手段，基於此一原則，我們認爲應該分成下面的三個階段進行：

㈠初等級：包括小學及初中。教學時盡力灌輸一些最基本的知識，要求其博學強記，以奠定各種知識學問初淺的概念。考試時，側重其記憶的能力。

㈡中等級：包括高級中學及各職業學校。教學時應採取記憶與理解並重，並擴大其學習的領域，從書本上、生活上、實驗中，擷取眞實的學問，訓練其推理的能力，以培養其研究高深學問的興趣，奠定研究高深學問的基礎。考試時，應注重記憶與推理，尤以具有能夠運用的能力爲最佳。

㈢高等級：包括專科與大學。一個學生經過了上面兩個階段，長久的訓諫與陶鑄，對各種知識學問，都有一個起碼的基礎與概念，對他們的能力測驗，應著重於他們的研究心得與理論的分析，以及學術報告內容的如何。

總之，今天我們若想教育獲得進展，如何擺脫現有的考試方式，乃是當前教育上的一個重大課題。

一九七二年十一月廿三日中華日報教學與出版
中央圖書館檔案編號一三三五號
國立政治大學論文目錄編號五二七一二號
國立臺灣師範大學教育論文資料存檔
一九八九年九月廿九日統一日報轉載

論奢侈浪費的社會風氣

冰淇淋一客七十元，一客牛排八千，一人吃一桌飯廿五萬元，而產地蔬菜一斤不到一塊錢，你知道嗎？

在沒有寫這篇文章之前，我要引述：中華民國卅六、七、八年時期，在內地的一些報紙上，常常出現的一句話：「前方吃緊，後方緊吃！」結果，農民放下了耕犁；工人擱下了斧銼；小公務員憤怒地走出了辦公室，到最後士兵們，丟下武器、逃離戰場；上焉者跑回了家，大部份投向了中共……逼著政府，揮淚離開了南京城……

——這種慘痛的經歷，還不夠刺激！還不夠警惕！還不夠教訓嗎⁉今天的臺灣，我們這個社會，風氣敗壞、生活奢侈靡爛、揮霍浪費，的確已經到了人神共憤的程度，每個人都以「臺灣錢淹腳目」，而引以自醉，引以自豪，引以自傲，而沾沾自喜……一個電視記者，訪問一家西餐店的老闆——對於一份牛排八千，一頓飯廿五萬元，請加以說明。他說：「我們是國際水準以上的餐廳。」以他的價錢昂貴，而洋洋自得；記者又訪問一位女吃客，她以漫不經心的語氣說：「吃情調、吃風味、吃享受嘛……」聽起來眞夠無奈，那種暴發戶的淺薄、鄙陋、愚昧之態，令人厭惡，殊不知這種窮奢極侈的浪費行爲，正在腐蝕整個社會，斲喪人心士氣，摧殘傳統美德，破壞善良風尙和文化，而一步一步的，走向自毀之境，猶不自知呢!?

御孫說：「儉，德之共治；侈，惡之大治。」他強調：凡是有好德行的人，都是由儉樸生活養成的。能夠保持生活儉樸，私慾就會減少；因此，不受物質生活的支配，遠離禍患。私慾多，就會極力去貪求榮華富貴，不走正路。因此，我們知道，臺灣物質生活，不可謂不富裕，爲什麼天天就會有這麼多，打家刼舍的事故發生呢？簡明的說：就是發生在那個「貪」字，而貪又是因生活過分「奢侈浪費揮霍無度」造成的結果。

所以，要想安定社會秩序，必須先遏止社會上一般人不當的奢侈生活行爲表現，言念及此，我們不能不坦率的說句話：臺灣的經濟環境，並沒有十足的安全保障，說眞的一旦發生突然的變化情況就嚴重了。能不注意嗎？

現在，我們可以看出來的，農田沒有人要種了，工廠也找不到工人了，爲什麼？一個農人（工人）辛苦一年，辛苦的成果，都被上層中間的剝削光了，臺北一家西餐廳吃頓飯廿五萬，牛排一客八千，而農夫們種植出來的一斤白菜，價錢卻得不到一元，天下的公理何在？農夫們、工人們找不到立足的「平衡點」，唯一的辦法就是放棄耕田工作不幹了。上焉者，到工廠做個小工人；下焉者，招搖撞騙，偷竊搶奪，無所不爲；社會秩序，怎麼不壞呢!?這種現象的造成，也是因爲社會風氣，過分奢侈浪費，過分追求享受，被誘發而來的，而一般年輕人看到人家居華屋，坐高級汽車，自己買不起，只好鋌而走險，身懷利刃，穿踰剪徑，去做無本生意，孰令致之，誰實爲之。這筆帳也是算不清的。

提到，產地的一斤白菜，賣不到一塊錢，也是令人心酸的，且看看農友們，所受的迫害與壓榨的情形，眞是多少辛酸多少淚啊！

農友們種好一塊菜地，臺北的「菜探」就來了，他初估好了價，你就要賣給他，你如果條件對他們不利，他會使出各種手段、各種方法，弄得你的菜爛在菜地裡，一片葉也賣不出去。臺北的老闆請的「菜探」，都是道上的朋友，他們有些人，蠻橫霸道的作風，令人無法想像。如果你是養雞場，「雞探」們上門了，你也要和他們合作，你如果，不稱他心意，你的雞鴨，不要想賣出去，即使裝上了車，也七搖八盪，到了臺北，不死三分之二也去了三分之一，這樣一來，不弄得你血本無歸才怪呢!?保障農友利益，趕緊防止中間剝削，城市裡的人，也許有便宜的菜吃了。社會也許能更爲淨化一點了。

一九八九年九月卅、卅一兩日統一日報發表

「我們這個社會」專欄系列之九

論戰士授田證之糾紛

究竟是戰士授田證！抑或是「戰士授穀證」！
是誰搞得混淆不清的！

究竟是「戰士授田證」!?抑或是「戰士授穀證」!?是誰搞得混淆不清的!?……

由國防部研擬所提，並廣受社會關切的「戰士授田憑證處理條例草案」。聽說：已於九月廿六日，經行政院院會通過，並將於日內，送請立法院審議。消息又說：同時現行的「反共抗俄戰士授田條例」，也一併由行政院，送請立法院審議廢止。

——外界對於補償標準傳說不一，因而引起部份爭議。

——其實，這說法，是不對的，引起爭議的，不是僅僅「補償標準不一」的問題，而是有關當局，研擬問題時，就犯下了基本上的觀念錯誤。

第一：「戰士授田憑證」，從本質上言，他是屬於政府與戰士之間的財務問題，或者說：「財務糾紛」。政府發給戰士「授田憑證」，這憑證就是「該戰士的財產」，因此，政府要解決問題，理應首先找到「當事人」—戰士來商談，來解決才合理。國防部擬定「處理條例」，沒有經過「戰士們的同意或委託」，這的確是標準的「越俎代庖」的作法，更可以說：是橫行霸道的行爲—這是第一個錯誤觀念。

第二：研擬的「戰士授田憑證處理條例草案」，都還沒有成立，怎麼就可以，採現行的「反共抗俄戰士授田條例」，就送立法院審議「廢止」呢!?新案沒有確立，老案廢止了，將來發生了問題，依憑什麼「條例」來解決。難道是想不了了之。這是非常曚矓，曖昧的作法。

第三、「戰士授田憑證」，不是你說多少，就算多少的問題；它有一定之義，尤其，那些提議：以階段、年資、勳章來核定「授田憑證」價値的人，實在愚昧得可笑。戰士，就是戰士，它沒有官兵之分，沒有階級之分，沒有年資之別，勳章之別，祇要戰況發生了，命運就是相同的，戰場上流行的一句話：「子彈是不長眼睛的！」；不會因爲你是將軍，多打你幾個洞；也不會因爲你是一個新兵，而少挨一槍，更不會說：你有勳章，而特加眷顧的，爲什麼一張「授田證」，要有這麼多不同呢!?是故意製造糾紛嗎!?

第四、國防部的官員，實在也該替別人著想一點才是，因爲，這些領到：「授田證」的人，昔日也曾是你們的袍澤，他們以數十年，出生入死，才贏得一張小小的「授田證」，依你們的算法，是五萬元，或者四萬七千；然而，國防部的大官員，退役後到輔導會去，到輔導會的關係企業單位去，當董事長，當總經理，當服務處主任，以及處長、科長、組長，每月的酬勞金，就是十萬元，還另加一部黑色轎車，大人啊，能替自己想，爲什麼就不替昔日的袍澤想呢!?古語說：「大人者，有赤子之心」！該檢討了。

第五、「授田證」其價値的計算方式，是每年出產淨燥稻穀二千市斤……依照地價主要作物正產品，全年收穫量二倍半爲標準。按戰士授田憑證，最早的在四三年就發了，若依蔣公當時的說法：「一年準備；兩年掃蕩，五年成功。」那末到現在爲止，少說也有三十年之久，而今天爲「授田證」補償問題，根據農政單位初步概算，只有五萬元左右，顯然祇「概算」一年，那末其餘廿九年到那裡去了呢!?這種算進不算出的人，眞可算是世間「第一流的理財專家」了。

一九八九年十月二日統一日報發表

「我們這個社會」專欄系列之十

快建「屋頂停車場」

汽機車能使人方便，也帶來交通的困窘……

臺灣地小人稠，生活所得越來越高，每一個家庭幾乎都可以，挪出多餘的資金，來買一部汽車代步，同時擁有二三輛機車的人家，更是常事；土地面積日漸縮小，車輛卻日益加多，於是形成了人行道被佔用、停車場一席難求，馬路中的各種車壅塞阻滯，造成了整個社會的不便，尤其顚峰時段，的的確確是「怨聲載道」了。

有人大喊：「增建停車場」！但是土地到那裡去找？

也有人說：快點限制汽、機車的數量；然而，別人有錢買車，你憑什麼「限制」？因此這都不是辦法。

所以，臺北市自七十八年元月份起，開始大力整頓騎樓、人行道，積極的拖吊路邊違規停車，並不斷地開違規罰單……半年過去了，成效如何呢？根據新聞報導：爲檢視臺市北整頓交通政策，究竟有那些成果，電視記者當街訪問了幾個路人，他們幾乎異口同聲的說：「沒有看到效果；沒有改善多少！」甚至有一位說：「愈來愈差了！」因爲他每天都要從新店坐車到愛國東路上班，六點半出門，居然八點半尚無法打卡！言下不甚憤慨！實施新交通規則已屆滿一年，仍是紛亂如麻，怎不叫吳伯雄市長「難過」！因此，我們覺得臺北市的交通，如果需要整頓，使每個人走得更順暢，除了要有「大家一起來」的精神，全力配合才行之外，並且建議下列可行的方案：

第一：加緊淘汰老舊車輛，加重既有及新購車輛的牌照稅、行照稅、增列道路使用費……以求抑制數量的增加；並將增收的稅金，用來添購新車，要求高級舒適。

有二：大力降低公車票價，大量增加公車班次，延長公車行駛時間和路線。如果人民覺得坐公車方便，坐公車便宜，坐公車舒服，自然就不必開私人轎車了，也不去搭計程車了，街坊上車必然急速減少，交通一定可以改善。

第三：趕緊建設「屋頂停車場」，在公寓、店舖、大廈之兩側，加建車輛升降梯，家戶、行人的車輛，全部放在「屋頂」上。如此，不僅沒有路邊違規的麻煩，馬路寬鬆了，交通就順暢了。

第四：爲便於取締違規車輛，減少維護交通人力，可在各要道、十字路口，大量裝設電腦眼，隨時記下違規車輛的車號和駕駛人，予以重罰。

第五：大臺北區捷運系統，應積極加速進行，提早完工，施工期間，最好能夜間進行，以減少交通阻塞。

總之，交通不暢，是每一個大都市或多或少都存在的問題，只要我們每個人，都肯付出自己的心力，自己按照交通規則行駛，不違規停放車輛，騎機車的朋友，不飛馳蛇行，交通事故減少，交通就會暢順無阻的。

一九八九年十月六日統一日報發表
「我們這個社會」專欄系列之十一

立法委員「帶槍上陣」

日前電視新聞說：「立法委員謝美惠，近幾個月來，每天上立法院開會，或下班回家，手提皮包內，一定得帶一把『瓦斯槍』，來保護自己的安全。」

另外在「早安，您好！」晨間新聞中也說：「有一位年青男士，正在ＢＵＳ站候車，忽然覺得肩上有人「輕輕」拍他：「朋友：給點錢來花花吧！」這位候車的男士，直覺地感到生命安全的堪慮，就趕緊把皮夾內，僅有的七千元，全給了他。歹徒從容地跨上車，並從機車後，拋回來一串黑煙，「嘟！嘟！」他走了！

昨天，板橋中山路一家理髮廳，正在營業中，突然闖進來──四條好漢，各持開山刀，逼著原本就在「剃刀邊緣」的顧客──「不准動」！並勒令四位髮姐把顧客的錢，以及自己的手飾，全部交給他們，得款足足二三十萬元，揚長而去。最奇怪的是，案發時尚有刑警，在樓上看電視，居然還讓槍犯順利得手了。

立法委員謝美惠在質詢中，她特別說明了自己，曾經被歹徒侵害過的案例。因此，她每天都在戰戰兢兢中生活，她說：「家」，本來是最溫馨的地方，但是最近以來，每天下班回家，開啓家門，心裡就有一種突如其來的「恐懼」，擔心屋子裡，會突然鑽出一個陌生人來，手持匕首，或執紅「心」、黑「心」手槍來對付她！

由於心理上有這種恐懼和壓力，所以她明知：私懷槍枝是違法舉動，但仍不能不帶把「槍」在身邊，期能以非法的東西，來保護合法的生存權。她身爲立法委員，連起碼的一點生存權，尚且寄託在一把瓦斯槍上，其他手無寸鐵的百姓，生活安全如何保障，就更不用談了。

所以，那位電視女記者，憂心忡忡的說：巴士站候車的是位男士，碰到「拍肩的人」都乖乖地，把錢交出來，假如換作一個弱女子，又該怎麼辦呢？

根據內政部許水德的說法：「目前臺灣的治安，的確比以前壞，但是，比起其他國家要好。」他說：「破案率高達百分之七十五，而且內政部已擬訂了『警民合作』方案，實施後治安情況就必然會有所改進。」

但是，一位服務於警界近四十年的老刑警，卻說了眞話，「臺灣的治安，比以前壞」的原因是，警察「吃」案的情形嚴重，轄區內爲了面子，爲了製造「安寧」的假象，把一些案子「吃」了，因而「縱容」了那些作姦犯科的歹徒，於是愈搶愈烈，幾乎無時無刻不在發生。

其次是：大案小辦，小案大辦，把警風搞歪了，爲什麼要這樣做呢？大案發生了，影響他們的警譽，最好不要張揚，大事化小，小事化了。小案發生了，多報幾件，可以爭取辦案績效，說明我們對轄區內，非常注意，任何小事件，我們都能掌握。

這位老刑警並舉一個例子：兩個高中的學生，本來是開玩笑，甲把乙的皮夾子藏起來，但因玩笑開得「過火」，吵起來了，巡邏的警察把他倆抓起來，卻當眞作「偷竊」案辦了，兩人同學被送進了法院，這是小案大辦的例子。

——一句話：當要用法的時候，不用；不要用法的時候，反而用了。弄得法律的尊嚴都沒有，在上頭的人口口聲聲說：凡事依法辦理，其實一件也沒有照法辦案，因此，社會治安一天一天的壞下去了。

這兩天許信良偷渡被逮獲了，行政院長李煥，又在特別強調，這是司法案件，要依法辦理，我們就來等著瞧吧！國家的秩序，社會的安寧，並不是眞的無藥可救，問題很簡單，就是看全國上下是否能做到「依法辦事」的一念而已。

一九八九年十月七日統一日報發表

「我們這個社會」專欄系列之十二

老兵們的愛與恨

本人雖係中國老兵雜誌的發行人兼編採，但今天發言的內容，僅代表我個人。此次亞洲時報舉行這個座談會，旨在關懷老兵生活，了解老兵問題癥結所在，提供關切老兵人士的參考，其構思與立意，的確值得吾人激賞。所謂「書生報國」，亞洲時報的諸先生，舉辦這個座談會，在這一時代中必然要留下重要的記載，值得喝采。

茲謹就

㈠老兵為什麼會形成問題，其背景原因試說明如下：

1.其出發點都是愛

他們愛國家，愛民族、愛他們自己所付出的血汗、智慧和勞力……，但是當他們覺得自己締造出來的國家，搞得家不像家、國不像國、法紀廢弛、支離破碎時，就因此由愛而衍生為「恨」了。

對於此一「恨」字，本人也有另一種詮釋：

老兵們的這個「恨」，不是「仇恨」的恨。

而是恨政府不爭氣，恨為官者不長進。

——丟掉了大陸，來到臺灣，還拚命搞門閥、搞派系、搞小圈圈，貪污、腐化。只顧個人利益，不顧國家社會責任。老兵們「恨鐵不能成鋼。」

爲什麼有這種恨呢？

——老兵們四十年來用自己的血汗、智慧、勞力……造就了無數的大官巨賈，榮耀一生，還蔭庇了大官巨賈的後代，反觀老兵們自己呢？卻落一個漂泊異鄉，老婆都找不到，兒子沒有，孫子也耽誤了，能不恨嗎？

2.老兵先天就是「弱者」

老兵們大都來自農村，未當兵之前，他們除了耕田種地之外，沒有其他謀生技能；在軍中三四十年下來，除了服從、忍耐之外，更無其他長技。

——國家就是老兵的家：長官就是老兵的父母，雖然他們想從一而終，但是長官死的死了，老的老了，今天國家不照顧他們啦，長官豐衣足食（有的飛黃騰達、有的退休養老去了，）也不理他們了。

——他們是實實在在的弱者，手無一技之長，憑什麼去與人拚鬥，憑什麼去與人競爭？

——他們是的的確確的孤立者，沒有親人，沒有故舊，面對這種講關係，講情面的社會，要他們如何生存？如何生活？政府把他們帶到了臺灣，他們有家歸不得，能不恨嗎？

㈡待遇不公平，才造成了疏離與反抗

老兵們三十八年「坐船來到臺灣」，當時一個月的待遇，只能買兩包「老樂園」香煙，然而他們毫無怨言，但是今天幾十年過去了，政府有七百多億的外匯存款，而他們從新兵變成了老兵，但每個月的生活津貼，卻只有三千二百元。反觀「坐飛機來臺灣」—這幾天正鬧桃色糾紛的吳榮根，雖然他遲到了三十多年，但一落地卻立刻獲得五千兩黃金，並且被封爲「反共義士」，所以給人一種感覺：先到的人吃苦，後到的人享福「命好」啦！吳榮根義士以三千萬元去買一個女人玩，更說明了「兵士與義士」的諷刺了。能怪老兵嫉妒嗎？

——還有老代表老立委，幾十年來豐衣足食，養尊處優，臨老請他們退休，再給三四百萬元嫌少，在那裡嚷嚷不休，而老兵請收回「授田證」而一文莫名，這又如何能使老兵覺得公平呢？

歷史上有許多朝代的覆亡，皆因爲政治腐敗，君王昏庸；但總有許多忠貞之士捨身以赴，力挽狂瀾，反觀我們的大官高人，以及手握兵符的將軍們，赴湯蹈火，誓死不辭，從一而終的，又有幾人？

所以，坦白的說，丟了大陸，沒有關係，所謂「久分必合，久合必分」，反正都正中國人；丟了人心，才是眞正的可惜！甚至可悲！今天遠從大陸帶來的老兵，都要寫標語、喊口號、敢伸出頭來反抗了，養兵養民、養到這種地步，爲政的大官貴人，還不能痛加反省檢討？

㈢**其次：老兵堅持主張「中國只有一個」「中國必須統一」！**

其他問題：我主張全部開放：

探親——雙方劃定一個飛機起飛降落的機場，比如說：臺灣在高雄小港、大陸在廈門。

通郵——雙方信件，自由投遞，請紅十字會轉手續麻煩，而且多付錢。從大陸來的信，在臺灣加蓋一個郵戳：「三民主義統一中國」弄錯了對象，從臺灣送大陸的信，蓋上這個郵戳，才稍具意義，其實也不必了，既然要談「統一」，何必相互「調侃」！

通商——雙方各取所需互通有無，福利兩岸同胞，免得受美國，日本人訛詐、壓迫，如火雞肉、煙酒、水果……。

至於：輔導會扮演什麼角色，如何成爲老兵自己的組織！我呼籲建議立法委員，提出議案，改組輔導會。

輔導會既標榜是民間組織，就應由老兵選舉產生，分層負責，不准官派。

現存之老兵團體太多，要捐棄成見，作橫的連繫重新創合，才能發揮力量。（中國老兵雜誌發行人兼編採賀志堅）

一九八九年七月亞洲時報刊載；亞洲時報座談會發言稿

0 國家圖書館出版品預行編目資料

金石語文評論集 / 賀志堅著. -- 初版. -- 臺北市: 文史哲, 民 91
面 : 公分 - (文學叢刊 ; 142)
ISBN 957-549-458-x (平裝)

1.論叢與雜著

078 91013959

文學叢刊 ⑭②

金石語文評論集

著者：賀志堅
出版者：文史哲出版社
登記證字號：行政院新聞局版臺業字五三三七號
發行人：彭正雄
發行所：文史哲出版社
印刷者：文史哲出版社
臺北市羅斯福路一段七十二巷四號
郵政劃撥帳號：一六一八〇一七五
電話 886-2-23511028・傳真 886-2-23965656
實價新臺幣二八〇元
中華民國九十一（2002）年八月初版

ISBN 957-549-458-x